Das Kochbuch der Kochbücher

Köstlichkeiten aus biblischer Zeit

H. Juergen Fahrenkamp

Das Kochbuch der Kochbücher

Köstlichkeiten aus biblischer Zeit

area

Von H. Juergen Fahrenkamp sind bei area erschienen:

Wie man eyn teutsches Mannsbild bey Kräfften hält
Die vergessenen Küchengeheimisse des Mittelalters

Was Caesar am liebsten speiste
Schlemmen wie im alten Rom

H. Juergen Fahrenkamp: Das Kochbuch der Kochbücher

Einbandgestaltung: agilmedien, Köln
Einbandabbildungen: Stockfood
Printed in Poland 2006

ISBN-13 978-3-89996-301-4
ISBN-10 3-89996-301-6

www.area-verlag.de

AM ANFANG SCHUF GOTT HIMMEL UND ERDE …

… so beginnt im Alten Testament die Schöpfung, der Beginn aller Zeiten. Doch das Buch der Bücher, die Bibel, ist nicht nur das Glaubensbuch der Christen, sondern was das Alte Testament angeht, auch der Juden, und in vielen Teilen Vorbild für den Koran. Die Bibel ist auch ein Geschichtsbuch. Sie berichtet von Frieden und Krieg, von Sklaverei und Freiheit, von Liebe und Hass, von Gesundheit und Krankheit, von Hunger und Not – aber auch von köstlichen Speisen und Getränken. Denn Gott sprach:

»Hiermit übergebe ich euch alle Pflanzen auf der ganzen Erde, die Samen tragen, und alle Bäume mit samenhaltigen Früchten. Euch sollen sie zur Nahrung dienen.«
(1. Mose 1,29)

Schnell folgt dann auch die legendäre Geschichte – wieder geht's ums Essen – mit dem Apfel (1. Mose 3), der – das wusste Martinus Luther wohl nicht? – erwiesenermaßen keiner war, und genussfreudigen Zeitgenossen mit leicht überbordender kulinarischer Phantasie mag dabei im Gedanken an einen knackig frisch vom Baum gepflückten Granny Smith oder in Bier-

teig ausgebackene Apfelkücherl mit Zimtzucker, Vanilleeis und dem ganz speziellen Tröpfchen Calvados das Wasser im Mund zusammenlaufen.

Immer wieder wird in der Bibel vom Essen berichtet – ob einer unserer Urahnen »... *im Schweiße seines Angesichts sein Brot essen* ...« (1. Mose 3,19) sollte, oder ob man »... *Schlachtvieh [schlachtete] und [zu]richte[te], denn die Männer sollen mit mir zu Mittag essen* ...« (1. Mose 43,16), oder ob man vom Himmel gefallenes »... *Manna [sammelte]. Und es war wie weißer Koriandersamen und hatte einen Geschmack wie Semmel mit Honig* ...« (2. Mose 16,31).

Dann löffelte Esau vom legendären »... *Gericht Linsen, und er aß und trank* ...« (1. Mose 25,34) oder »... *ER ließ Wachteln kommen, und mit Himmelsbrot sättigte er sie* ...« (Psalm 105,40), oder ein »... *Weib hatte im Haus ein gemästetes Kalb, das schlachtete sie eilends und nahm Mehl und knetete es und backte ungesäuertes Brot* ...« (1. Samuel 28,24) und da der Ägypter hungrig war, gaben sie ihm »... *eine Schnitte Feigenkuchen und zwei Rosinenkuchen, und er aß* ...« (1. Samuel 30,12) oder sie labten sich an allerlei »... *Mehlspeisen, Feigenkuchen und Rosinenkuchen, und Wein und Öl, und Rinder und Kleinvieh in Menge, denn es war Freude in Israel* ...« (1. Chronik 12,41).

An anderer Stelle gedenken Moses und seine Begleiter »... *der Fische, die ... [sie] in Ägypten umsonst aßen, der Gurken und der Melonen und des Lauchs und der Zwiebeln und des Knoblauchs* ...« (4. Mose 11,5). Und Hesekiel fordert: »... *nimm dir Weizen*

und Gerste und Bohnen und Linsen und Hirse und Spelt, und tue sie in ein Gefäß und mache dir Brot ...« (Hesekiel 4,9).

Und, und, und ... Im Lauf meiner Arbeit an diesem ungewöhnlichen Kochbuch habe ich hunderte von Bibelstellen gefunden, in denen von Speisen und Getränken, vom Essen und Trinken die Rede ist. Da soll nochmal einer behaupten, das Buch der Bücher wäre nur ein Glaubensbuch!

Doch in jenen Tagen der grauen Urzeit haben unsere Ururrahnen wohl alles Essbare vertilgt, dessen sie habhaft werden konnten: Wilde Kräuter und gesammelte Früchte, wenn ihnen das Jagdglück hold war, auch einmal Fleisch vom erlegten Wild. Und um Fische zu fangen, bauten sie Dämme in Flüssen und Bächen oder erlegten sie mit Speeren und geschickten Steinwürfen.

DER ERSTE BRATEN KOMMT AUF DEN TISCH

Soweit wir heute wissen, war es ein Neandertaler (oder doch eher eine Neandertalerin?), dem so um 500 000 v. Chr. das Missgeschick passierte, dass ein Stück Fleisch ins Feuer fiel. Als er oder sie es, nachdem die Flammen gelöscht waren, herausholte und probierte, war die Ära des Rohfleischfressens mit einem ebenso lauten wie genüsslichen Rülpsen zu Ende.

Damals begann man auch, Tiere zu zähmen. Zuerst wahrscheinlich den Asiatischen Wolf, der im Lauf seiner Evolution der Hund wurde, der den Menschen bei der Jagd half. Auch – kaum zu glauben – der Elch war eines der ersten Haustiere, dessen Fleisch man aß und aus dessen Knochen man einfache Werkzeuge herstellte.

DER ERSTE LANDMANN

Wahrscheinlich hatte auch hier der Genosse Zufall seine Hand im Spiel und läutete die erste Stunde des

Ackerbaus ein. Denn aus Samenkörnern, die im Herbst auf die Erde gefallen waren, sprossen im Frühjahr neue Pflanzen und brachten den Menschen mehr zu essen.

Und der Ackerbau, dessen Wurzeln irgendwo in biblischen Landen, im Nahen Osten, liegen, revolutionierte das Leben. Denn von Stund an mussten die Jäger nicht mehr tagtäglich auf die Pirsch gehen, um mit ihrer Beute die hungrigen Mäuler stopfen zu können. Nun wurde man auch vom schnell reichlich vorhandenen Getreide satt.

VOM HERUMZIEHENDEN NOMADEN ZUM SESSHAFTEN BAUERN

Mit der Geburtsstunde des Ackerbaus endete die graue Urzeit, und die Geschichte der Zivilisation begann. Jetzt mussten unsere Urväter nicht mehr den Weidegrund suchenden Tierherden hinterherziehen. Sie konnten ihre Zelte festpflocken, sich dann komfortablere feste Hütten bauen. Die ersten Weiler, Dörfer und Städte entstanden.

Und da Mann nicht mehr von früh bis spät mit der Nahrungssuche beschäftigt war, entwickelte er ganz neue Fähigkeiten, wurde Handwerker, und immer mehr Tiere wurden domestiziert, und sie sicherten nicht nur die Fleischversorgung, sondern halfen auch bei der harten Feldarbeit.

WAS ABER HABEN DIE LEUTE DAMALS WIRKLICH GEGESSEN?

Ganz einfach das, was überall leicht erhältlich war: einen Gersten- oder Urweizenbrei, Fladenbrot, gesammelte Kräuter, Gemüse, Früchte, Frischkäse … Fleisch und auch Fisch standen selten auf dem Speisezettel. Nur die Reichen konnten schon damals schlemmen, wie viel später Gott in Frankreich: Fisch, Rind-, Kalb- und Lammfleisch, Wild und Geflügel – und das wurde schon damals so köstlich angerichtet, dass dem Betrachter das Wasser im Mund zusammenlief.

Auch wenn sich unser Alltagsleben im Lauf der Jahrtausende völlig verändert hat: Essen und Trinken spielen heute wie damals die wahrscheinlich wichtigste Rolle in unserem Leben.

UR-FUSION-FOOD

Kaum zu glauben, dass die Pizza keine italienische Erfindung ist, nicht wahr? Doch das stimmt. Denn die verdanken wir zwei viel älteren Kulturen: den Etruskern und den Griechen.

Die Ur-Pizza der Etrusker war nicht mehr als ein Teigfladen, der auf einem Stein in der Nähe des Feuers gebacken und mit verschiedenen Lebensmitteln belegt zum essbaren Teller wurde.

Die Griechen belegten den Teigfladen nicht erst nach, sondern schon vor dem Backen – die Pizza war geboren und die ursprüngliche Beilage wurde zum Hauptgericht.

VOM MARCO POLO DER FEINSCHMECKER UND DER KULINARISCHEN FREIHEIT

Da in der Bibel selbst und in anderen zeitgenössischen Quellen keine Rezepte im eigentlichen Sinn zu finden sind, habe ich mir zusammen mit meinen Mitköchen und Versuchskaninchen als Marco Polo der Feinschmecker die kulinarische Freiheit genommen, munter drauflos zu experimentieren. Für unsere Gaumen schmecken die Speisen teilweise sehr exotisch, und alle, denen die Küchen Thailands, Balis oder gar Afghanistans, von China und Japan ganz zu schweigen, fast schon zu hausbacken vorkommen, werden in der biblischen Küche zahlreiche gaumenkitzelnde Überraschungen erschmecken.

Einige Speisen wie z. B. Challa oder Mazze werden seit Jahrtausenden fast unverändert (wir haben heute nur nicht mehr das Mehl, mit dem unsere Urmütter backten) zubereitet. Und einen Spießbraten über dem Holzkohlenfeuer zum Beispiel machen wir heute auch kaum anders als Evas Enkelinnen.

Bei anderen Gerichten habe ich versucht, den charakteristischen Geschmack des Vorderen Orients auf den Gaumen zu bringen, was alles andere als einfach war, denn:

Bei allen Erwähnungen – die Bibel ist eben kein Kochbuch – fehlen die Mengenangaben und Zubereitungsanleitungen. Doch das hat uns keine Angst gemacht. Wir haben experimentiert, probiert und schließlich Rezepte mit Mengen- und Zeitangaben entwickelt, die Sie zum problemlosen Nachkochen reizen werden.

Viele der verwendeten Gewürze und Zutaten sind heute nicht mehr sicher zu verifizieren, nicht mehr gebräuchlich und zum Teil nur schwer oder gar nicht mehr zu bekommen. Aber wir wollen ja auch etwas Besonderes, nicht wahr?

Was die Mengen der Gewürze angeht, so lasse ich Ihnen dabei – Geschmack ist eben Geschmackssache – weitestgehend freie Hand.

Die Sprachen wurden zur Herausforderung, denn die ach so beliebte Übersetzung der Bibel von Doctor Martinus Luther (anno 1530) reichte mir nicht aus. Ich wollte wissen, was in den zeitgenössischen Originalen steht, musste mit meiner Übersetzerin Tal Orlandi und hebräischen Sprachwissenschaftlern diskutieren, Ägyptologen und Kenner Mesopotamiens zu Rate ziehen. Eigentlich wollte ich doch nur ... und schon befand ich mich mitten in den schönsten Disputationen mit Experten.

Vor dem Ausprobieren jedes Gerichts habe ich mir einen recht genauen Marschplan zurechtgelegt – mit meiner Kenntnis der Esskultur im alten Rom, vergleichbarer Gerichte der jüdischen Küche, der Küche des Vorderen Orients, der Mittelmeerküche und meinen Erfahrungen mit der Küche des Mittelalters. In der Küche, an den Töpfen und Pfannen habe ich dann natürlich mit Augenmaß und Handgewicht, will heißen nach Gefühl, gewürzt und gekocht.

Die Ergebnisse haben meine zahlreichen Versuchskaninchen (darunter immer wieder befreundete Profiköche) probiert, sachlich und professionell kritisiert oder gelobt, und viele meiner biblischen Gaumenfreuden erhielten schon beim ersten Mahl löffelklappernd Applaus, andere habe ich mit Unterstützung meiner Kostpröbler mehrmals verändert und immer wieder ausprobiert.

So entwickelte sich Rezept für Rezept das Gefühl für die biblische Art zu kochen, und nach und nach versuchte ich, die Raffinesse, das für uns heute vielleicht Exotische, herauszukitzeln.

Bei der Zusammenstellung der Rezepte habe ich die herausgefiltert, die – einmal abgesehen vom Arbeitsaufwand – gut nachkochbar sind und den ganz speziellen biblischen Touch haben, der ein biblisches Gastmahl zu einem Erlebnis für Ihre Gäste macht.

Wenn Sie die Gerichte nachkochen und ein biblisches Menü für Freunde zubereiten, dann soll doch etwas wirklich Besonderes auf die Teller kommen – so etwas wie die Neue Bibelküche.

Betäawon – Guten Appetit

Ihr H. Juergen Fahrenkamp

תוכן
INHALT

BIBLISCHE GESCHICHTEN

Erzvater Abraham eilte so um 4000 v. Chr. *»... zu Sara in das Zelt und sprach: Eile und menge drei Maß feinsten Mehls, knete und backe Kuchen. Er aber lief zu den Rindern und holte ein zartes gutes Kalb und gab's dem Knechte, der eilte und bereitete es zu. Und er trug Butter und Milch auf und von dem Kalbe, das er zubereitet hatte und setzte es ihnen vor und blieb stehen vor ihnen unter dem Baum, und sie aßen.«* (1. Mose 18,6–8)

Bei Sarah und Abraham wird erstmals vom richtigen Kochen, Backen und Braten und dem anschließenden Mahl mit Kuchen, Kalbfleisch, Milch und Butter im Schatten eines Baums erzählt. Das erinnerte mich an einen leckeren Kalbsbraten, an frisches Fladenbrot, an Joghurtkäse und zum Nachtisch an einen Grießkuchen mit frischen Früchten wie Feigen und dem »Brot der Wüste«, Datteln.

Aber auch das Trinken kam nicht zu kurz, wie wir erfahren:

»Und da er vom Wein trank, ward er trunken und lag im Zelt aufgedeckt.« (1. Mose 9,21)

Offensichtlich hatte es der Wein jener Tage in sich, denn der wohl leicht überbeschwipste Noah schnarchte nach vielleicht einem Becher zu viel nackt den Schlaf des Gerechten.

Abraham wird aus Ur in Chaldäa nach Kanaan gerufen und dort zum

Gründer eines neuen Volkes mit dem Glauben an Jahwe, den Einen Gott. Als in Kanaan eine Hungersnot ausbrach, zog Jakob Israel mit seinen zwölf Söhnen und deren Familien nach Ägypten und ließ sich dort nieder, wo ihre Nachkommen in die Sklaverei gerieten.

AN ÄGYPTENS TÖPFEN

Unser kulinarisches Wissen über das Ägypten der Pharaonen stützt sich in erster Linie auf die Funde in kostbar ausgestatteten Gräbern der Reichen und den Pyramiden. Doch das war nicht der Alltag der einfachen Ägypter und schon gar nicht der Sklaven. Die mussten sich ihr tägliches Gerstenbrot mit Zwiebeln nicht nur im triefenden Schweiß ihres Körpers erschuften, sie mussten die dazu notwendige Gerste und die Zwiebeln auch noch selbst anbauen, wenn sie nicht verhungern wollten. Die Gerste wurde dann von den Frauen zwischen Steinen gemahlen, zu einem Brei gerührt und gebacken. Nur bei besonderen Anlässen gab es dazu auch Gemüse, denn das war wie Knoblauch, Datteln, Kichererbsen oder Linsen kaum erhältlich. Von Fleisch und anderen Rarissimitäten gar nicht zu träumen.

Getrunken wurde zu den Mahlzeiten fast immer Bier, eher ein kwasähnliches Gesöff, das man ebenfalls selbst braute. Dazu verrührte man alte Brotreste mit Wasser, ließ diese Mischung in der Sonne gären, filterte sie – und fertig war das Bier.

Bier erfrischte und stärkte nicht nur nach einem harten Arbeitstag, man trank es auch aus einem anderen Grund: Das Wasser war nicht selten ungenießbar, weil mit Bakterien verunreinigt – und der Alkohol im Bier machte sie unschädlich.

Die Reichen wie Pharao & Co. hingegen labten sich an Wein und mussten auch nicht mit einfachem Gerstenbrot vorlieb nehmen, sondern ließen sich von ihren Bäckern mit über 40 Brotsorten verwöhnen. Sie importierten Delikatessen von fern und nah und genossen Fleisch, Hühner, Gänse, Fische und Wild, das reichlich in den Marschflächen des Nils lebte. Dazu gab es allerlei Gemüse.

Die ägyptischen Bauern kannten nur drei Jahreszeiten: Akhet, die Zeit der Überflutung, in der der Nil die Felder überschwemmte und sie fruchtbar machte. Peret, die Zeit der Aussaat. Und Shemo, die Erntezeit, deren Arbeiten der Pharao persönlich beaufsichtigte. Die Priester dankten den Göttern für die reiche Ernte. Die Schreiber notierten genau, was und wie viel geerntet wurde. Und die unzähligen Sklaven machten die Arbeit, damit die wenigen Reichen auch im nächsten Jahr wieder im Überfluss leben konnten.

ZURÜCK INS GELOBTE LAND

Nach über 400-jähriger Sklaverei führte Moses die Israeliten dann um 1300 v. Chr. zurück in das ihren Vätern verheißene Erez Israel. Während der 40-jährigen Wanderung durch die Wüste Sinai wurden die Israeliten zu einer Nation zusammengeschweißt und erhielten den Pentateuch, das Gesetz des Mose mit den Zehn Geboten, der ihrem monotheistischen Glauben Form und Inhalt verlieh.

Jedes Jahr feiern sie zur Erinnerung an diese Zeit Pessach, das Passahfest, Schawuot, das Wochenfest der Sinai-Offenbarung, und Sukkot, das Laubhüttenfest.

In den folgenden zwei Jahrhunderten eroberten die Israeliten den größten Teil von Erez Israel, dem Land Israel, zurück, sagten der nomadischen Lebensweise der Patriarchen Lebewohl und ließen sich als Bauern oder Handwerker häuslich nieder.

Die eher lose Stammesorganisation der Israeliten offenbarte aber auch Schwächen gegenüber der der Philister, einem seefahrenden Volk an der Mittelmeerküste, und es wuchs der Wunsch der Menschen nach einem Herrscher, einem Monarchen, der die zwölf Stämme vereinte.

Der erste König der Israeliten, Saul (um 1020 v. Chr.), markiert den Übergang von der losen Stammesorganisation zur absolutistischen Monarchie, die unter seinem Nachfolger, König David (um 1004–965 v. Chr.), Realität wird. In seiner Regierungszeit kämpfte Israel erfolgreich gegen die Philister und wurde durch ein Bündnissystem mit Nachbarkönigreichen zu einer bedeutenden Macht in der Region, die ihre Herrschaft von den Grenzen Ägyptens und den Ufern des Roten Meeres bis zum Euphrat ausdehnte. In Israel vereinigte König David, der in die Bibel als Dichter und Musiker eingegangen ist, die zwölf Stämme und machte Jerusalem zur Hauptstadt und zum Herzen der neuen Nation.

Davids Sohn und Nachfolger, Salomo (um 965–930 v. Chr.), festigte das Königreich durch Verträge mit Nachbarkönigen, durch politisch motivierte Eheschließungen sicherte er den Frieden für sein Land und brachte es auf Augenhöhe mit den Großmächten jener Zeit.

In seiner Regierungszeit blühte der Außenhandel auf, der innere Wohlstand wuchs dank der Kupferminen und Hüttenwerke. Die strategisch und wirtschaftlich wichtigen Städte wurden befestigt, neue wurden gegründet und sein Lebenswerk krönte Salomo mit dem Bau des ersten Tempels in Jerusalem, der zum Zentrum des nationalen und religiösen Lebens des jüdischen Volkes wurde. Ihm werden auch die biblischen Bücher »Die Sprüche« und »Das Hohelied« zugeschrieben.

PROPHETISCHE ZEITEN

Unter den Propheten verstehen wir heute religiöse Vordenker mit charismatischer Persönlichkeit, von denen ihre Zeitgenossen annahmen, dass sie von Gott die Gabe der

Offenbarung erhalten hätten. Sie wirkten – ob als Ratgeber oder Kritiker der Könige in religiösen, ethischen oder politischen Fragen – von der Zeit der Monarchie bis ins Jahrhundert nach der Zerstörung Jerusalems (586 v. Chr.). Die Propheten appellierten an die Moral des jüdischen Volkes und zahlreiche ihrer Offenbarungen in eindringlicher Sprache wurden in die Bibel aufgenommen.

Die von den Propheten ausgehende Faszination beruht auf ihrem kompromisslosen Einsatz für ethische Werte und Worte wie *»Lernet Gutes tun, trachtet nach Recht, helft den Unterdrückten, schaffet den Waisen Recht, führet der Witwen Sache!«* (Jesaja 1,17) sind bis heute Säulen des Strebens der Menschen nach sozialer Gerechtigkeit.

AUS EINS MACH ZWEI

In den letzten Regierungsjahren Salomos nahm der Unmut über die erpresserischen Steuern (Ach, wären wir heute über diese Peanuts eines Zehntels auf unser Einkommen glücklich!!!), die der König für seine ehrgeizigen Pläne brauchte, zu. Besonders aber die Tatsache, dass Salomo seinen eigenen Stamm begünstigte, verbitterte die anderen Stämme und vertiefte die Kluft zwischen der Monarchie und den Fürsprechern einer Loslösung der Stämme. Nach Salomos Tod im Jahr 930 v. Chr. spaltete sich das Königreich, und es entstanden Israel, das Reich der zehn Nordstämme, und Juda, das Südreich der Stämme Benjamin und Juda.

Das Nordreich Israel mit Samaria als Hauptstadt sah 19 Könige und bestand über 200 Jahre. Das Südreich Juda wurde ebenfalls durch 19 Könige aus Davids Stamm über 350 Jahre von Jerusalem aus regiert.

Beide Reiche fielen schließlich der assyrischen und babylonischen Expansion zum Opfer. Anno 722 v. Chr. wurde das Königreich Israel von den Assyrern erobert, die Bevölkerung wurde vertrieben und geriet in Vergessenheit. Anno 586 v. Chr. eroberten die Babylonier das Königreich Juda, zerstörten Jerusalem und den ersten Tempel und schickten die Einwohner in die Verbannung.

BABYLONISCHE ZEITEN

Mit der babylonischen Eroberung läutete zwar das Totenglöckchen für das erste jüdische Staatswesen, die Zeit des Ersten Tempels, nicht jedoch die Verbundenheit des israelitischen Volkes mit Erez Israel, dem Land Israel. Die Juden saßen nun an den Wassern zu Babylon und gelobten, ihr Heimatland immer im Gedächtnis zu behalten:

»Vergesse ich dich, Jerusalem, so verdorre meine Rechte. Meine Zunge soll am Gaumen kleben, wenn ich deiner nicht gedenke, wenn ich nicht lasse Jerusalem meine höchste Freude sein.« (Psalm 137, 5–6)

Im fruchtbaren Zweistromland Mesopotamien, aus dem Griechischen »zwischen den Flüssen«, zwischen Euphrat und Tigris, entstanden die ersten Städte, wurden die erste Schrift und der erste Kalender entwickelt – und das Rad erfunden.

Obwohl das Klima heiß und trocken war, lieferten die beiden Flüsse ausreichend Wasser, um die fruchtbaren Felder zu bewässern, auf denen Lauch, Zwiebeln, Linsen, Weizen, Gerste, Früchte, Gewürze und vieles mehr angebaut wurde. Nicht zu vergessen: die Trauben, denn die Mesopotamier liebten Wein. Die Oliven haben ihren Ursprung in dieser Gegend, und ihr Öl wurde nicht nur in der Küche, sondern auch in der Medizin, als Parfüm und Lampenöl verwendet.

In den Flüssen gab es auch reichlich Fische, und Wasservögel lebten in den Sumpfzonen der Ufer.

Die Mesopotamier verstanden es, die Reichtümer ihres Landes nutzbar zu machen – auch für den einfachen Bürger. Der Nahrungsreichtum machte sie nicht nur wohlhabend, sondern förderte auch die Entwicklung der Wissenschaften und Technologien und machte Mesopotamien zur Führungsnation der antiken Weltgeschichte.

Die babylonische Gefangenschaft ist der Beginn der jüdischen Diaspora, und mit ihr wurde der Judaismus zu der Religion und Lebensweise, die letztlich das nationale und spirituelle Überleben des Volkes auch außerhalb Israels sicherten.

In der Heimat des jüdischen Volkes, Erez Israel, spielt ein großer und entscheidender Teil seiner langen Geschichte, von der die Bibel die ersten 1000 Jahre aufzeichnet und mit den Erzählungen vom Leben und Wirken Jesu im 1. Jahrhundert unserer Zeitrechnung endet. Während dieser Jahrtausende und Aberjahrtausende hat sich nicht nur das Leben im alten Israel, sondern auch das Essen und Trinken verändert.

DAS LAND, IN DEM MILCH UND HONIG FLIESSEN …

So wird Israel im 4. Buch Mose 14,8 beschrieben. Die Milch, von der die Rede ist, war überwiegend Schafmilch, die, da sie naturgemäß schnell sauer wird, zu Joghurt und Käse verarbeitet wurde. Den Honig sammelte man von wild lebenden Bienenvölkern, und er war daher selten und sehr kostbar.

Israel war *»ein gutes Land, in dem Weizen, Gerste, Weinstöcke, Feigenbäume und Granatäpfel wachsen, ein Land, in dem es Ölbäume und Honig gibt«*, lesen wir im 5. Buch Mose 8,8.

Aus Weizen und Gerste wurde das Fladenbrot gebacken. Die Rebstöcke lieferten die Weintrauben, aus denen Saft, Most und auch Wein gemacht wurde. Die Feigen dienten meist getrocknet als Brotersatz. Und aus den Früchten der Ölbäume, den Oliven, wurde Öl gepresst.

Der Gezer-Kalender ist die älteste bekannte hebräische Inschrift und stammt aus dem Jahre 925 v. Chr., also aus der Zeit von König Salomo. Es handelt sich um einen landwirtschaftlichen Kalender mit sieben horizontal und einer achten vertikal im phönizischen Alphabet in eine Kalksteintafel eingeritzten Zeilen. Sie beschreiben

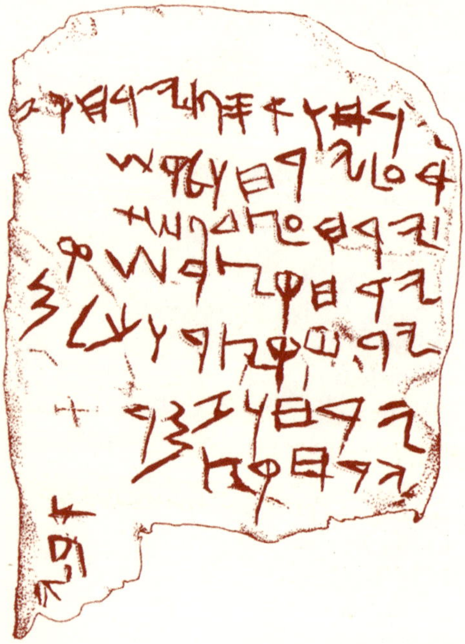

- die zwei Monate der Weinlese und Olivenernte (Herbst),
- die zwei Monate Aussaat (Winterregen),
- den Monat der Flachsernte,
- den Monat der Gerstenernte,
- den Monat der Weizenernte und des Abmessens (Mai/Juni),
- den Monat des Beschneidens und
- den Monat der Sommerfrüchte.

In biblischen Zeiten bestand die tägliche Ernährung in erster Linie aus den Früchten und Gemüsesorten, die die Jahreszeiten mit sich brachten. Fleisch war ein Luxus, den es so selten gab wie guten Wein – eben nur an besonderen Festtagen, da das Vieh für die nomadisch lebenden Urväter der wichtigste Besitz war. Und Fische gehörten nur an den Meeres- und Binnenseeküsten zu den Grundnahrungsmitteln.

DAS TÄGLICHE BROT

Die Israeliten zogen, wie Abraham, mit ihren Familien und Tieren von einem Weideplatz zum anderen, lebten in Zelten, und der Backofen war ihnen unbekannt. Den lernten sie erst in Ägypten kennen, wo es Dörfer oder Städte gab, also Menschen, die in Häusern lebten.

Wenn Sara und ihre Geschlechtsgenossinnen backen wollten, legten sie die Teigfladen auf große, glatte und natürlich heiße Steine am offenen Feuer und wendeten sie nach einer Weile um, etwa so wie wir heute Pfannkuchen backen. Die Kunst war es, die Fladen so nah an das Feuer zu schieben, dass sie gebacken wurden, aber auch weit genug vom Feuer entfernt zu halten, damit sie nicht verbrannten. Wohlhabendere Familien besaßen oft auch schon eine große runde Eisenschüssel, die umgekehrt auf eine Feuerstelle gelegt wurde, und auf dem heißen Eisen wurden dann die Fladen gebacken. Und es gab noch eine dritte Möglichkeit:

»Ist aber dein Speisopfer etwas auf der Pfanne Gebackenes, so soll's von ungesäuertem Mehl sein, mit Öl vermengt ...« (3. Mose 2,5)

Die Fladen wurden von beiden Seiten »gebraten«, und dieses frische Fladenbrot war das wichtigste Grundnahrungsmittel und gehörte einfach zu jeder Mahlzeit – und das wohl frugalste, aber unheimlich leckere Gericht war: Fladenbrotstücke in Olivenöl zu tunken, mit Salz zu bestreuen und gesammelte Kräuter wie Lattich, Löwenzahn und Zichorie dazu zu essen.

HARTE ARBEIT FÜR EVAS TÖCHTER

Für die Frauen war die Zubereitung des Essens und das Backen harte Arbeit. Denn jeden Tag mussten sie das Korn für die Fladenbrote mit einem Mahlstein mahlen.

DIE BIBLISCHEN MAHLZEITEN

Der Tag begann im alten Israel mit Brot und Käse, vielleicht gab es auch Lauch oder Zwiebeln dazu und zum Schluss noch getrocknetes oder frisches Obst. Dazu wurde Wasser oder auch frisch gemolkene Milch getrunken. Abends war Suppenzeit! Suppen und Eintöpfe aus Gemüse und Korn wurden mit frischen Kräutern verfeinert. Teller waren nicht nötig – man »löffelte« die Suppe mit einem Fladen aus dem Kochtopf.

WAS UNSERE URVÄTER SONST NOCH GEGESSEN UND GETRUNKEN HABEN

»... Nimm eine Mischung aus Mehl, Mazzenbrösel, klein geschnittenem rohem Geflügelfleisch, etwas verquirltem Ei und fülle es locker in einen Geflügelhals. Vernähe die Öffnungen und koche den Hals in Brühe weich ...«

So könnte es in einem Kochbuch aus dem alten Israel stehen. Doch dieses Rezept wäre schon ein Festessen, denn Geflügel und auch Fleisch waren teuer und standen äußerst selten auf dem Speiseplan.

Neben dem täglichen Fladenbrot gab es hausgemachten Frischkäse, meist Schafs- oder Ziegenkäse, zusammen mit Oliven oder in Olivenöl mit Kräutern wie Knoblauch, Petersilie, Rauke, Salbei, Lauch oder Zwiebeln mariniert. Ein Streichkäse wurde mit Kräutern oder Gewürzen wie Kümmel, wildem Thymian oder gemahlenen Senfsamen verfeinert.

AUS DEM BIBLISCHEN OBSTGARTEN

Die wichtigsten Früchte waren Feigen – sie wurden, wie wir im Buch der Könige lesen, auch als Heilmittel gegen Geschwüre verwendet –, Datteln, Granatäpfel und Weintrauben, die frisch gegessen oder getrocknet wurden. Weitere Früchte waren Zitronen, Maulbeerfeigen und das Johannisbrot oder die Brustbeere, die heute nicht mehr gegessen wird.

Doch alle diese und andere Obstsorten haben sich durch ihre Kultivierung so verändert, dass sie nur noch wenig Ähnlichkeit mit ihren biblischen Frühformen haben.

Ein Problem ganz besonderer Art tauchte immer wieder bei der Übersetzung von Worten auf, da sich das Aramäisch und Hebräisch des Alten Testaments im Wortsinn und im Schriftbild natürlich im Lauf der Zeiten – wie bei uns vom Platt- über Mittelhochdeutsch zum heute gebäuchlichen Hochdeutsch – verändert haben. Raten Sie mal, was Zwiffl ist oder Arbaiß? So hießen Mittelhochdeutsch – vor nur gerade etwas über 500 Jahren – die Zwiebel und die Erbse.

Pistazien, Mandeln, Walnüsse waren teuer und nicht für jede Familie erschwinglich. Und wenn die Hausfrau damit Speisen anreicherte, um sie zu »versüßen«, war die Freude der Familie und besonders der Kinder sicher groß. Rösten Sie doch einfach einmal geschälte Mandeln mit etwas Anis oder Zimt in einer unbeschichteten, trockenen Pfanne – und dann knabbern Sie sie!

Der wohl epochalste Übersetzungsfehler betrifft den berühmtesten aller Äpfel – der, mit dem die Schlange Eva und die dann Adam verführte, obwohl Gott ihnen verboten hatte, die Frucht zu essen. Im Urtext der Bibel steht nicht Apfel, sondern ganz einfach Frucht. Den Apfel haben Übersetzer erdichtet, vielleicht, um den Menschen ihrer Zeit ein deutlicheres Bild der Frucht zu geben – und so können wir bis heute rätseln, welche Frucht der »Baum der Erkenntnis« trug.

AUS DEM BIBLISCHEN GEMÜSEGARTEN

Da in den archäologischen Erdschichten Gemüsereste oder Samen nur selten zu finden sind, ist hier die Bibel die wichtigste Quelle, um zu erfahren, welche Gemüsesorten, Kräuter und Gewürze gegessen wurden.

Zu den ältesten kultivierten Gemüsesorten gehören Zwiebeln und Lauch, denen man schon vor Jahrtausenden auch große Heilkräfte zuschrieb.

Während der ägyptischen Gefangenschaft ernährten sich die Israeliten hauptsächlich von Brot, Zwiebeln, Lauch, Knoblauch und Gerstenbier, mit dem sie sich für die körperlich harte Arbeit stärkten und gesund blieben.

Wer kennt sie nicht, die Geschichte vom hungrigen Esau, der für einen Teller voller Linsen sein Erstgeburtsrecht verkaufte?

Hülsenfrüchte, die sich besonders gut als Vorrat trocknen lassen – Saubohnen, Kichererbsen, Erbsen und Linsen –, waren fester Bestandteil jeder Speisekammer.

Kohl, Spinat, Rüben, Rettich und Sellerie sowie Wildgemüse waren die bekannten Gemüse, die Evas Enkelinnen zubereiteten.

Sie wurden mit Wild- und Gartenkräutern wie Minze, Senf, Dill, Kümmel, Thymian, Rosmarin oder Salbei gewürzt, und Gewürze wie Kümmel, Kreuzkümmel, Kardamom oder Koriander machten das Essen abwechslungsreicher.

LÄÄCHOL U LISCHOT

ESSEN UND TRINKEN IN BIBLISCHEN TAGEN

»… und mach mir ein Essen, wie ich's gern habe, und bring mir's herein, dass ich esse …« (1. Mose 27,4)

»Da eilte Abigail und nahm zweihundert Brote und zwei Schläuche Wein und fünf zubereitete Schafe und fünf Maß geröstete Körner und hundert Rosinenkuchen und zweihundert Feigenkuchen, und lud alles auf Esel.« (1. Samuel 25,18)

Ob in den Überlieferungen aus der Zeit der Patriarchen oder zu den Zeiten von Jesus: Gutes Essen und Trinken stand für die Menschen, nicht nur wie beim Passahmahl, schon immer obenan.

»Ihr sollt aber ein solches Lamm nehmen, an dem kein Fehler ist, ein männliches Tier, ein Jahr alt. Von den Schafen und Ziegen sollt ihr's nehmen und sollt es verwahren bis zum vierzehnten Tag des Monats … das Fleisch essen in derselben Nacht, am Feuer gebraten, und ungesäuertes Brot dazu, und sollen es mit bitteren Kräutern essen.« (2. Mose, 12,5–8)

»… Stell einen Kessel aufs Feuer, stell ihn auf und gieß Wasser hinein. Leg Fleischstücke hinein, lauter gute Stücke von Lende und Schulter. Fülle ihn auch mit den besten Knochen und

nimm auserlesene Schafe ...« (Hesekiel 24,4–5) – so steht es geschrieben – in der Bibel.

»Und der Herr Zebaoth wird auf diesem Berge allen Völkern ein fettes Mahl machen, ein Mahl von reinem Wein, von Fett, von Mark, von Wein, darin keine Hefe ist.« (Jesaja 25,6)

Doch: Bibel (und Kirche) und Sinnesfreuden, wie passt das denn zusammen? Waren nicht gerade die Kirche und ihre stets Moral predigenden Vertreter Christi auf Erden zu allen Zeiten und in allen Bereichen des Lebens in höchstem Maß lustfeindlich?

Aber wenn wir die Bibel lesen – angefangen mit der von der Schlange übertölpelten Eva, die Adam dann dazu verführte, von den im Paradies verbotenen Früchten zu naschen ... der Rest ist jedem zur Genüge bekannt – finden wir in der Bibel immer wieder kulinarische Stellen.

Zum Beispiel die berühmte Geschichte von Esau und den Linsen: Sein jüngerer Bruder Jakob hatte eine Suppe davon gekocht, die verführerisch duftete, wollte aber nur etwas davon abgeben, wenn der Ältere ihm sein Erstgeburtsrecht vermachte. Und das tat er, für ein einziges, wenn auch köstliches Essen.

Oder, oder, oder – bis zum Abendmahl und weiter ist die Bibel teils sogar ein kulinarischer Krimi.

Und schon Mose sagt, wie das Volk Israel mit seinen Nahrungsmittel umzugehen hatte, und bis heute haben sich die insgesamt rund 300 (!) Speisegesetze nicht geändert.

DIE JÜDISCHE KÜCHE

Wie in wohl keiner anderen Kultur sind in der jüdischen Weltliches und Heiliges untrennbar miteinander verknüpft, und die festlichen Mahlzeiten – vom wöchentlichen Sabbat- bis zum Passahmahl – sind fester Bestandteil des religiösen Ritus, bei dem jede Speise eine symbolische Bedeutung hat. Denn:

KOSCHER KOCHEN

Maimonides, der große Lehrer des Judentums, schreibt in seinem Führer der Schwankenden: »Die Speisegebote erziehen uns, unsere Lust zu meistern. Sie gewöhnen uns daran, das Wachsen unserer Begierde einzudämmen, die Vergnügungssucht zu mildern und die Neigung zu bezwingen, Essen und Trinken als Lebenszweck anzusehen.«

Die Basis für die koschere Küche ist das Kaschrut, die strenge Speisegesetzgebung, deren Wurzeln in der Bibel und im Talmud liegen.

DER MENSCH IST, WAS ER ISST

Diese ebenso einfache wie fundamentale Erkenntnis ist auch die Philosophie, die den Hintergrund der rituellen Vorschriften der jüdischen Küche bildet. Will heißen: In dem Maß, in dem die Nahrung sich in einen Bestandteil des Körpers verwandelt, wirkt sie auch auf die untrennbar mit ihm verbundene Psyche.

Die Kaschrut ist eine Ernährungsform, die durch das strikte Befolgen der rituellen Speisevorschriften die Harmonie zwischen Seele und Leib herstellen will.

Die jüdische Küche wurde aber nicht nur von den Speisegesetzen, sondern auch von den Einflüssen zahlloser Kulturen, in denen die Juden während ihrer jahrtausendelangen Geschichte lebten, geprägt.

Sie hat ihre Wurzeln in Vorderasien, der Urheimat der Juden, wurde aber zum Beispiel maßgeblich beeinflusst von der Küche des Alten Ägypten oder Babylons, was sich unter anderem an dem hohen Stellenwert von Knoblauch, Lauch und Zwiebeln erkennen lässt. Ebenso groß waren die Einflüsse der arabischen Küche.

WAS BEDEUTET EIGENTLICH KOSCHER?

Koscher, auch kasher, heißt tauglich, rein. Die Lebensmittel müssen zum Verzehr geeignet sein. Für die Goj, Nichtjuden, sind die hunderte von Reinheitsgeboten, die hier zu beachten sind, absolut verwirrend. Jedem jiddischen Manne oder Bobbe entlocken sie dagegen gerade mal ein müdes Lächeln, denn das Kaschrut haben sie gewissermaßen in ihren Genen.

Koschere Lebensmittel müssen also absolut »rein« sein.

Ebenso wichtig ist aber auch die sorgfältige Zubereitung der Speisen und die Hygiene, die bei ihrer Herstellung von Rabbinern überwacht wird. Das hat übrigens dazu geführt, dass koschere Lebensmittel, die als natürlich und besonders gesund angesehen werden, inzwischen auch bei Nichtjuden immer beliebter werden.

DIE WICHTIGSTEN SPEISE-VORSCHRIFTEN DES KASCHRUT

Fleisch

»Und jedes Tier, das gespaltene Hufe hat, und zwar ganz durchgespaltene Hufe, und das wiederkäut unter den Tieren, das sollt ihr essen.« (5. Moses 14,6)

Nur Rind und Kalb, Lamm, Ziege und Rehe entsprechen diesen Anforderungen.

Damit das Fleisch koscher ist, muss das Tier auf traditionelle Weise geschlachtet und völlig ausgeblutet sein.

Das Schächten

Wer Fleisch essen will, muss zuerst natürlich das Tier schlachten. Und damit beginnt das Problem! Man könnte dem Tier einfach bei lebendigem Leib den Kopf abschlagen, es mit einem Genick- oder Kopfschuss ins

Jenseits befördern oder sich vorher betrinken und dann auf das Tier eindreschen, bis es hinüber ist. Nur: Das ist strikt verboten!

Das richtige Schlachten ist eine handwerkliche Kunst und das Wichtigste überhaupt, wenn es um den Genuss von Fleisch geht. Schlachten darf nur ein erfahrener Schächter, der für sorgfältige Durchführung der »Shechita« seinem Gewissen und seiner heiligen Überzeugung verantwortlich ist. Das Schächten selbst geschieht mit einem einzigen glatten und blitzschnellen Schnitt durch die Halsschlagader. Durch den Nervenschock und die abrupte Unterbrechung der Blut- und Sauerstoffzufuhr zum Gehirn wird das Tier sofort bewusstlos, leidet also nicht.

Bevor das Fleisch später zubereitet werden darf, müssen die Köchin oder der Koch dafür sorgen, dass es rein bleibt oder auch besonders koscher wird. Dazu wässert man es eine halbe Stunde, lässt es eine Stunde eingesalzen ruhen und wäscht es danach gründlich ab. Erst dann ist das Fleisch wortwörtlich koscher.

Fleisch und Milch

»… du darfst das Böcklein nicht in der Milch seiner Mutter kochen.« (2. Mose 23,19)

Es ist verboten, Milch, Milchprodukte und Fleisch gleichzeitig zu essen. Traditionell wartet man nach einer Fleischmahlzeit sechs Stunden, ehe man etwas isst, das Milch enthält.

Nach einem Gericht mit Milch muss man nur eine Stunde warten, bevor man wieder Fleisch essen darf.

Außerdem müssen Milch und Fleisch getrennt aufbewahrt werden, und wer die strengen Gesetze befolgen will, besitzt sogar getrenntes Kochgerät, Geschirr, Besteck usw.

Geflügel

»… Alle reinen Vögel esset. Diese aber sind es, die ihr nicht essen sollt: der Adler, der Habicht, der Fischaar … Die reinen Vögel dürft ihr essen. Ihr sollt kein Aas essen …« (5. Moses 14,11–21)

Fisch

»… alles, was Floßfedern und Schuppen hat in den Wassern, in den Meeren und in den Flüssen, das sollt ihr essen.« (3. Moses 11,9)

Koschere Fische müssen also Flossen und Schuppen haben. Aale sind als Aasfresser nicht koscher, ebenso Fische ohne echte Schuppen wie z. B. Hai, Steinbutt und Stör (daher auch Kaviar) sowie Schalentiere und Krebse.

Milch und Käse

Naturjoghurt, der keine Gelatine enthält, Milch, Sahne, Quark und Butter zählen zu den koscheren Lebensmitteln.

Die meisten Weich- und Schnittkäse dürfen wegen ihres Anteils an Lab aus Kälbermägen nicht verzehrt werden.

Neutrale Speisen

Neutral sind Obst und Gemüse, Eier und Pflanzenöle, und sie dürfen in Kombination mit Fleisch oder Milch gegessen werden.

Alkohol

Koscher heißt nicht, dass Wein und andere geistigere Getränke tabu sind. Nur:

Die Trauben für den Wein werden unter ständiger Aufsicht eines Rabbi angebaut, geerntet und verarbeitet. Unter den gleichen Bedingungen werden auch Obst- und Kornschnäpse erlaubt.

ESSEN ZUR ZEIT VON JESUS

Im Neuen Testament entwickeln sich neue, christliche Speisetraditionen und -sitten. So lockerte Jesus alte Speisegesetze, denn er vertrat die Meinung, es könne nicht so viel Schlimmes in den Mund hinein- wie aus dem Mund herauskommen.

Da Jesus zur Zeit des Passahfestes gekreuzigt wurde, stehen das christliche Osterfest und das Passahfest von Anfang an in enger Verbindung. Bereits die ersten Christen deuteten das Opfer des Passahlamms auf Jesu Tod, das ungesäuerte Brot auf die »neue« Lebensführung der Christen.

DIE ARABISCHE KÜCHE

Die Welt der Bibel ist nicht nur das Land Israel. Dazu gehören auch die arabischen Nachbarländer, und ihre Küchen haben sich immer wieder gegenseitig beeinflusst.

Auch die Araber zogen einst als Nomaden mit ihren Viehherden, die zum einen als Lasttiere Waren transportierten und zum anderen der Hauptnahrungslieferant waren, von einem Weideplatz zum anderen. Und Fleisch gehörte, ergänzt durch Brot, Hülsenfrüchte oder getrocknete Früchte, zu den Mahlzeiten.

Nur in den fruchtbaren Regionen, wie den Tälern von Euphrat, Tigris und Nil, wurde die Küche um frisches Obst und Gemüse bereichert.

Fisch war traditionell nur in den Küstenzonen am Mittelmeer, am Persischen Golf und in den Flusstälern von Bedeutung.

Datteln, das Brot der Wüste, werden seit etwa 4000 Jahren im arabischen Raum kultiviert, und nicht selten ernährten sich die Nomaden auf ihren Wanderungen oft wochenlang ausschließlich von ihnen.

Eine arabische Legende erzählt, Allah habe aus zwei bei der Erschaffung des Menschen übrig gebliebenen Lehmbrocken das Kamel und die Dattel erschaffen.

Neben Datteln brachten die Jahreszeiten auch Weintrauben, Melonen, Zitrusfrüchte, Granatäpfel, Aprikosen und natürlich Feigen. Hinzu kamen zahlreiche Gemüsesorten, wie das so genannte »Fleisch des armen Mannes«, die Auberginen.

Getrocknete Hülsenfrüchte sind fast unbegrenzt haltbar, lassen sich gut transportieren und sind allein schon deshalb »wüstentauglich«.

Ful, das ägyptische Nationalgericht überhaupt, ist ein uralter Eintopf aus dicken Bohnen und Fleisch. Sehr beliebt sind auch Kichererbsen, aus denen zum Beispiel Falafel, eine aus Jordanien und Syrien stammende Spezialität, gemacht wird, die man mit Sesamsauce in Pitabrot isst.

Womit wir bei einem weiteren Grundnahrungsmittel sind: Pita, das Brot, das eigentlich zu jeder Mahlzeit gegessen wird.

Gewürze sind die Seele der arabischen Küche

Fast verschwenderisch wird mit Kreuzkümmel und Kümmel, Koriander, Kardamom, Safran, Muskat, Zimt, Ingwer, Anis und Pfeffer gewürzt. Und auch Pfefferminze, Petersilie und Zitrone werden häufig verwendet. Nicht zu vergessen sind Nüsse, Mandeln, Sesam und Pinienkerne.

Süß wie 1001 Nacht

Das arabische Naschwerk ist immer eine ausgemachte Kalorienbombe, sehr süß und sehr schwer. Da es nur aus hochwertigen Zutaten wie Hasel- und Walnüssen, Mandeln, Pistazien und viel Honig zubereitet wird, ist es meist auch recht teuer und wird allein schon aus diesem Grund fast immer in Bonsai-Portionen serviert.

»ENTSÜNDIGE MICH MIT YSOP...« (51. PSALM)

BIBLISCHE SPEZEREIEN

Ob David hier wirklich den im Vorderen Orient wohl eher unbekannten, da nicht heimischen Hyssopus officinalis meinte, ist mehr als zweifelhaft. Wahrscheinlicher ist, dass er die syrische Oregano-Art meinte. Denn Ysop müssen wir heute als Sammelbegriff für Heilpflanzen sehen, die bei den Israeliten in hohem Ansehen standen.

Wenn also in der Bibel von Pflanzen die Rede ist, bedarf es nicht selten aller detektivischen Fähigkeiten eines Sherlock Holmes inklusive des kongenialen Dr. Watson, um das richtige Pflänzchen auszumachen. Denn das Wissen um die Pflanzen war in biblischen Tagen natürlich noch keine mit der heutigen Botanik vergleichbare Wissenschaft, es gab auch noch keine einheitlichen Pflanzennamen. Die Folge waren unzählige Missverständnisse, Fehlinterpretationen, ja sogar völlig falsche Pflanzenbezeichnungen in den Aufzeichnungen des Altertums, also auch in der Bibel und ihren Übersetzungen, wie z. B. die Heuschrecken, von denen sich Johannes der Täufer ernährt haben soll.

Die botanische Sprachverwirrung geht so weit, dass bis heute Pflanzen wie Kastanie, Haselnuss, Buchsbaum und Heidekraut auftauchen, die es in den biblischen Ländern gar nicht gab. Außerdem findet man unterschiedliche Namen für ein und dieselbe Pflanze wie Brombeere, Distel, Dornengestrüpp und Heckenrose.

»Nimm dir die beste Spezerei: die edelste Myrrhe … und Zimt … und Kalmus … und Kassia …«

(2. Mose 30,23–24)

ANIS

(Pimpinella anisum)

Das süßlich-würzige Anis ist eines der ältesten Gewürze überhaupt und stammt wahrscheinlich aus dem Vorderen Orient, hat sich aber schon im Altertum rund um das Mittelmeer verbreitet und ist bis heute eines der wichtigsten Gewürze der arabischen und indischen Küche. Anis verwendet man in Getränken, Salaten, Weihnachtsgebäck, Krapfen- und Eierpfannkuchenteig, Fettgebackenem, süßen Milchsuppen und Reisspeisen, Grießbrei, Obstgerichten und eingekochten Marmeladen. Der Geschmack des Sternanis ist ebenfalls aromatisch, jedoch etwas stärker als der von Anis.

FEIGE

(Ficus carica)

»Und sie werden sitzen, ein jeder unter seinem Weinstock und unter seinem Feigenbaum …« (Micha 4,4)

Bereits 3000 Jahre v. Chr. war die Feige, die Scheinfrucht eines Maulbeerbaumes, im Orient verbreitet. Man süßte mit Feigensirup, aß sie frisch oder trocknete sie, um sie später in Kuchen oder anderen Süßigkeiten zu verarbeiten. In den Gärten Babylons und im alten Ägypten wurde sie gezüchtet und veredelt. Heutzutage weist die Gattung über 1000 Arten auf. In der Antike war sie vor allem ein so genannter Kraftsnack für Soldaten und Pilger.

GRANATAPFEL
(Punica granatum)

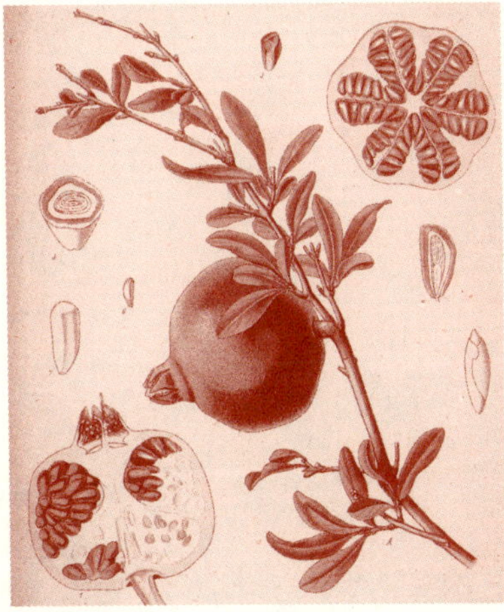

»Er stärkt mich mit Äpfeln, mit Rosinenkuchen, denn Liebessehnsucht hat mich krank gemacht …« (Hohelied 2,5)

Punica granatum, die samenreiche Frucht aus Phönizien, galt im gesamten Orient als Fruchtbarkeitssymbol, denn die vielen Samen eines großen Apfels versinnbildlichten Lebensfülle und -freude und die Hoffnung auf zahlreichen Nachwuchs. Im Hohelied, dem erotischen Buch der Bibel, wird die Geliebte mit einem Park voller Granatäpfel verglichen, ihr Gaumen gleicht einem Riss in der Haut dieser Frucht, und die Frau träumt davon, ihrem Geliebten den Saft der Früchte zum Trinken zu geben. Aus den Früchten kann man einen wässrigen Saft pressen oder die kleinen Fruchtkerne roh essen und zum Würzen verwenden.

INGWER
(Zingiber officinale)

Ingwer dürfte etwa zur Zeit Christi mit dem arabisch-römischen Fernhandel aus China gekommen sein. Die ätherischen Öle und aromatischen Harze sind verantwortlich für den warmen Holzduft, den brennend scharf-würzigen Geschmack und die leicht süße Note des Ingwers. Ingwer sorgt in orientalischen und asiatischen Gemüse- und Fleischgerichten, Hackfleischteigen, Spinat, Karotten, Lamm, Fisch, Pasta, Suppen und Saucen für die richtige Würze. Die Schärfe des Ingwers wird besonders geschätzt und seine süßliche Note macht ihn zum idealen Gewürz für Lebkuchen, Gebäck, Pudding und Kuchen aller Art. Eine Besonderheit sind auch Ingwerkonfekt und -pralinen, Ingwermarmelade, Ingwerwein und -bier. Ganze Ingwerstücke würzen und beizen Fisch und Fleisch in Marinaden und geben eingelegten Gurken, Kürbissen, Birnen, Säften und Fruchtkompott eine würzende Note.

JOHANNISBROT
(Ceratonia liqua)

Immer noch findet sich bei Matthäus 3,4 die ominöse Stelle »... *seine* [Johannes der Täufer] *Speisen waren Heuschrecken und wilder Honig* ...«, obwohl seit langem erwiesen ist, dass mit den »Heuschrecken« die Früchte des Heuschreckenbaumes, der heute als Johannisbrotbaum bekannt ist, gemeint waren. Politically incorrect wird dieser ursprüngliche Übersetzungsfehler von gewissen Kreisen als weiteres Argument gegen den Vegetarismus beibehalten. Johannisbrot, eine Schotenfrucht, ist die süßliche Frucht des Johannisbrotbaumes, eines gegen Hitze und Trockenheit äußerst resistenten Gewächses, das überall dort wächst, wo auch Zitruskulturen anzutreffen sind. Die Kerne werden gemahlen als Johannisbrotkernmehl und als Dickungsmittel für Saucen, Suppen und Süßspeisen eingesetzt. Die Kerne wiegen immer 0,18 g und wurden im antiken Griechenland als Feingewichtseinheit *(keration)* eingesetzt, aus der das Karat (0,2 g) als Gewichtseinheit für Gold und Juwelen entstammt.

KARDAMOM
(Elettaria cardamomum)

Die Soldaten Alexanders des Großen (von 356 v. Chr. bis 323 v. Chr.) brachten Kardamomsamen aus Indien nach Griechenland. Zusammen mit Safran und Vanille gehörte er zu den teuersten Gewürzen der damaligen Zeit, da es drei Jahre von der Aussaat bis zur ersten Ernte dauerte. Sein süßlich scharfes, ausgewogenes Aroma kann sowohl süßen als auch herzhaften Gerichten einen besonderen Pfiff geben. Mit Kardamom würzt man Lamm- und Hammelfleischgerichte und in arabischen Ländern nimmt man ihn auch zum Würzen von Kaffee, Tee und Obst. Verwendet wird Kardamom hauptsächlich für Brot und Backwaren, Süßspeisen, Obstspeisen, süßliche Marinaden und Saucen. Absolut notwendig ist er für die Weihnachtsbäckerei, Marzipan, Konfekt und Pudding. In Schweden wird er gerne im Punsch eingesetzt, in Indien im Tee. Außerdem ist Kardamom Bestandteil vieler Wurstgewürzmischungen sowie vieler Currymischungen.

KNOBLAUCH
(Allium sativum)

Entweder oder – an dieser seit über 5000 Jahren kultivierten Pflanze scheiden sich bis heute die Geister. Man liebt Knoblauch oder man verabscheut ihn. Im alten Ägypten wurde er den Sklaven als immunisierendes Mittel gegen Krankheiten und Epidemien verabreicht. In Griechenland stärkten sich die Soldaten mit einer guten Portion vor der Schlacht, ebenso wie die Athleten vor einem Wettkampf.

Man verwendet ihn als Allroundgewürz zu Fleisch (Lamm), Geflügel, Fisch, Salaten, Saucen, Gemüsen und, und, und …

KORIANDER
(Coriandrum sativum)

»Es war aber das Manna wie Koriandersamen und anzusehen wie Bedolachharz. Und das Volk lief hin und her und sammelte und zerrieb es mit Mühlen und stieß es in Mörsern und kochte es in Töpfen und machte sich Aschenkuchen daraus.« (4. Mose 11,7–8)

Koriander gehört zu den ältesten Gewürzpflanzen der Welt und wurde in Ägypten schon vor über 3500 Jahren angebaut. Koriander ist mit Kümmel, Fenchel und Dill verwandt. Er ist auch als Wanzenkraut bekannt, da sich sein Name vom griechischen Wort *koris* = Wanze ableitet und die frischen zerriebenen Blätter nach Wanzen riechen. Die getrockneten Gewürzkörner haben ein süß-würzig-harziges Aroma und erinnern an getrocknete Orangenschalen, Zimt und Muskat. Koriandersamen werden ganz und gemahlen verwendet und eignen sich für pikante wie auch für süße Gerichte. So darf Koriander in Weihnachtsgebäck wie Lebkuchen, Spekulatius und Printen ebenso wenig fehlen wie in Zwetschgenmus, Geflügel und Geflügelfüllungen, herzhaften Currys, Marinaden und Reisgerichten. Auch als Brotgewürz hat Koriander eine große Bedeutung. Ganze Koriandersamen nutzt man zum Einlegen von Roter Bete, süßsauren Gurken, zum Würzen von Fischmarinaden, Wild- und Fleischbeizen.

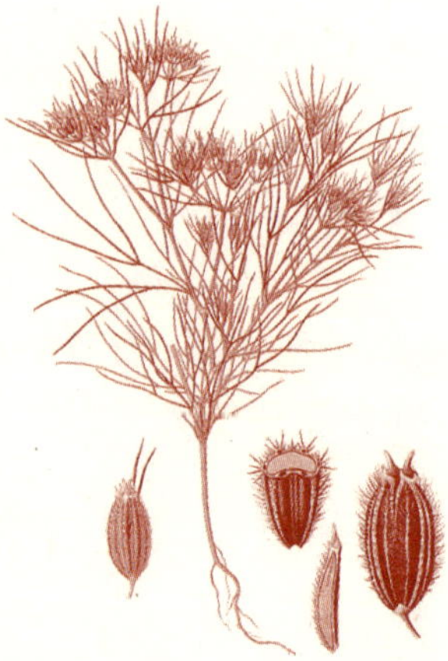

KREUZKÜMMEL
(Cuminum cyminum)

Er stammt wohl aus dem Vorderen Orient und man fand ihn in alten ägyptischen Grabkammern. Die Römer verwendeten ihn anstelle von Pfeffer. Kreuzkümmel passt – vorsichtig dosiert – bestens zu Lamm, Hammel oder Geflügelfleisch, zu Eintöpfen, Kohl, Fischsaucen und Eierspeisen.

KÜMMEL (WIESENKÜMMEL)
(Carum carvum)

Schon bei den alten Ägyptern war Kümmel eines der Lieblingsgewürze. Er hat ein warmes, unverwechselbares, doch etwas derbes und leicht bitteres Aroma. Er gibt den Speisen einen aromatischen, derb-würzigen Geschmack. Als ältestes und vielseitigstes Gewürz Europas macht er Bratkartoffeln oder Salat, Kohl, Eintopf und

Schweinsbraten noch schmackhafter. Zudem hat Kümmel eine verdauungsanregende, durchblutungsfördernde, krampflösende und appetitanregende Wirkung.

MINZE

(Mentha piperita)

Schon in altägyptischen Gräbern hat man Minze gefunden, die in der antiken Heilkunde und auch als Aphrodisiakum verwendet wurde. Die Minze, Mentha, ist ein sehr vielfältiges Kraut, sie soll nicht nur die Lust auf ein kräftiges Mahl anregen, sondern auch die Fleischeslust.

Für die biblische Küche haben wir in erster Linie Naneminze *(Mentha spicata var. crispa)* verwendet, ein ideales Kraut auch für salzige Speisen mit einem fruchtigen, an Kümmel erinnernden Geschmack.

MUSKATNUSS

(Myristica fragrans)

Schon in altägyptischen Mumiengräbern fand man Muskatnüsse. Das intensive, würzige Aroma eignet sich hervorragend zur Verfeinerung von Püree, Blumenkohl, Spinat, Fleischgerichten und hellen Saucen.

PETERSILIE

(Petroselinum crispum)

Die einstige würzig-frische Heilpflanze, die erst im 16. Jahrhundert langsam in die Kochtöpfe kam und heute aus der Küche nicht mehr wegzudenken ist, war im antiken Griechenland ein Symbol für Freundschaft und Geselligkeit. Man unterscheidet glattblättrige, krause und Wurzelpetersilie. Sie passt hervorragend zu Gemüse und Salaten, zu hellen Saucen und allen Suppen, zu Fisch, Geflügel, Eiergerichten, Kartoffeln und Rohkost – und ist nebenbei auch noch sehr dekorativ.

LORBEER

(Laurus nobilis)

In der Antike war er Symbol für Ruhm und Weisheit. Er ist eine typische Pflanze des Mittelmeerraums und gehört an große Braten und alle dunklen Bratensaucen, Ragouts, Gulasch, derbe Eintöpfe und deftige Suppen, Wild, Rotkohl und Kartoffelgerichte. Auch alles Saure verträgt Lorbeergeschmack: Fleischbeizen, Fischmarinaden, Sauerkraut, eingelegte Rote Bete, Gurken usw.

PFEFFER

(Piper)

Bereits früh in der Geschichte kam dem aus Vorderindien stammenden Pfeffer eine wichtige Rolle zu: Er diente sowohl den Göttern als Geschenk als auch den Handelsstädten als Währung und Steuerabgabe. Durch den Handel mit Pfeffer erwarben die Handelsmonopole Europas und Asiens enormen Reichtum. Mit Pfeffer kann man eigentlich fast alles würzen: Fleisch und Fisch ebenso wie Marmeladen und andere Süßspeisen. Wichtig ist nur, dass er frisch gemahlen wird, denn nur so entfaltet er sein optimales Aroma.

ROSMARIN

(Rosmarinus officinalis)

Die Griechen und Römer flochten aus Rosmarin schmückende Kränze für die Statuen ihrer Götter. Im Mittelalter benutzten die christlichen Mönche den Rosmarin als Hustenheilmittel. Aus dem Mittelmeerraum fand er dann auch den Weg als Speisegewürz in unsere heimischen Kochtöpfe. Mit Rosmarin würzt man Fisch und Fleisch, Kartoffeln und Mittelmeergemüse, verfeinert damit Marinaden, Beizen und Salatsaucen sowie Essig und Öl.

SAFRAN

(Crocus sativus)

Für 1 Kilogramm Safran müssen etwa 100.000 Blütennarben gesammelt werden. Schon die Ägypter und die Römer wussten um den exklusiven Charakter dieses gelben Gewürzes und benutzten es zur Herstellung von Medikamenten, Parfümen und zur Veredlung von Lebensmitteln und Speisen. Selbst der sparsamste Einsatz von Safran verleiht hellen Saucen, Reis, Lammgerichten und vielen anderen Speisen der nahöstlichen oder mediterranen Küche eine goldgelbe Farbe und einen Hauch von Luxus.

SCHNITTLAUCH

(Allium schoenoprasum)

Schnittlauch ist das kleinste Mitglied in der Familie der Zwiebelgewächse und gedeiht schon seit Urzeiten in Europa, Nordafrika, Nordamerika und Mittelasien. An alle Gerichte, die einen Zwiebelgeschmack vertragen können, kann man auch Schnittlauch geben. Neben seiner Funktion als Gewürz erfüllt der Schnittlauch häufig auch noch eine andere Aufgabe in der Küche: Vielfach werden fein geschnittene Schnittlauchröllchen als Dekoration von Speisen benutzt.

SCHWARZKÜMMEL

(Nigella sativa)

Schon in Altägypten war Schwarzkümmel beliebt. Die kleinen schwarzen, aromatischen Körner sind nicht mit dem Kreuzkümmel verwandt. Im Orient wird er u. a. für süßes Hefebrot, im Kuchen, zum Würzen von Käse sowie für Gewürzmischungen verwendet.

SENF

(Sinapis alba)

»Das Himmelreich ist gleich einem Senfkorn, das ein Mensch nahm und säete es auf seinem Acker.« (Matthäus 13,31)

Jeder kennt das Gleichnis vom Senfkorn und nicht nur die Israeliten, auch die Griechen und Römer würzten mit Vorliebe mit dem scharfen Korn. Das erste uns bekannte Rezept für die Herstellung von Senf stammt aus dem Jahre 50 n. Chr. Senf ist eine der Urpflanzen der Menschheit und stammt aus Westasien. Kein Samen geht so schnell auf wie das Senfkorn und bringt in kurzer Zeit so viel Grün hervor. Schon die alten Ägypter, Griechen und Römer, später auch Hildegard von Bingen, schätzten neben der Würzkraft des Senfs auch die medizinische Wirkung der Senfsamen, die innerlich reinigend auf Magen und Darm und äußerlich als Heilmittel bei Ohrensausen, Ekzemen und Hautflechten angewendet wurden. In der Küche gibt man Senfkörner in Fischmarinaden und Fleischbeizen, legt damit Gurken, Kürbisse, Zwiebeln, grüne Tomaten sowie scharfe Saucen ein und würzt Wurst damit. Die Senfkörner geben Sauergemüse, Kohl, Wirsing und Sauerkraut eine besondere Würze. Gemahlen werden die Körner zu den unterschiedlichsten Senfsorten verarbeitet.

ZIMT

(Cinnamomum zeylanicum)

Zimt wird aus der Innenrinde des immergrünen Zimtlorbeerbaumes gewonnen. Er wurde erstmals rund 3000 Jahre v. Chr. in chinesischen Schriften erwähnt. Die Süße seines Aromas täuscht manchmal über seinen feurig würzigen Geschmack hinweg. Eine Prise Zimt, gemahlen oder als so genannte Zimtstange, macht jede Speise exotischer und Süßspeisen verführerischer. Ein Gewürz, mit dem man so richtig experimentieren kann.

WÜRZMISCHUNGEN FÜR DIE BIBLISCHE KÜCHE

Dukka

Eine Gewürzmischung aus Pfeffer, Nüssen, Kreuzkümmel und Thymian oder Minze, die man zu Lammgerichten schätzt und mit Olivenöl als Dip zu Pita reicht.

125 g Sesamsamen
75 g geschälte Haselnüsse
50 g Korianderkörner
25 g Kreuzkümmel
1 Tl Salz
1/2 Tl schwarze Pfefferkörner
1 Tl getrockneter Thymian oder getrocknete Minze

Die Sesamsamen ohne Öl in einer unbeschichteten Pfanne rösten, bis sie hellbraun sind und zur Seite stellen. Die Haselnüsse goldbraun rösten. Dann Koriander und Kreuzkümmel rösten, bis sie duften und zu bräunen beginnen. Alles gut auskühlen lassen.

Die Zutaten für die Gewürzmischung im Mixer kurz (!) pürieren. Die Mischung soll zwar zerkleinert, aber nicht pulvrig werden.

Dukka hält sich in einem luftdichten Behälter im Kühlschrank etwa 3 Monate.

Falafel-Mix

Die klassische Würzmischung für Falafel

175 g Kichererbsenmehl
1 Tl gemahlener schwarzer Kümmel
1 Tl gemahlener Koriander
1/2 Tl Kurkuma

1/4 Tl Ingwerpulver
1/2 Tl Knoblauchpulver
je 1 El fein gehackte Petersilie, Dill, Minze
5 El Röstzwiebeln
1 Prise Safran
grob gemahlener, schwarzer Pfeffer

Das Kichererbsenmehl mit den Gewürzen im Mixer gut durcharbeiten, bis alles gut vermischt ist.

Falafel-Mix hält sich in einem luftdichten Behälter im Kühlschrank 1–2 Monate.

Haroseth

Ein typisches Passah-Gewürz, das an die ägyptische Gefangenschaft erinnern soll und ähnlich wie ein Chutney zu gebratenem Fleisch oder Geflügel gereicht wird.

100 g gemahlene Walnüsse
150 g getrocknete Feigen
150 g getrocknete Aprikosen
100 g entsteinte Datteln
4–6 El Süßwein (z. B. Malaga)
2–3 Msp Zimt
1–2 Msp Cayennepfeffer
1–2 Msp Ingwer

Die Walnüsse in einer unbeschichteten Pfanne unter Wenden goldbraun rösten und auskühlen lassen.

Die Feigen, Aprikosen und Datteln im Mixer oder Blitzhacker fein zerkleinern. Zu den Nüssen geben und kräftig unterrühren. Dabei den Wein und die Gewürze zugeben und so lange durcharbeiten, bis eine glatte Paste entstanden ist. Noch einmal abschmecken und zugedeckt mindestens über Nacht, besser aber länger, durchziehen lassen.

Zahtar

Eine Gewürzmischung, die zu Fleischbällchen, Gemüse oder auch als Dip für in Olivenöl getauchtes Pita verwendet wird.

50 g helle Sesamsamen
25 g gemahlener Gewürzsumach
25 g getrockneter, fein gerebelter Thymian

Die Sesamsamen ohne Öl in einer unbeschichteten Pfanne rösten, bis sie hellbraun sind und zu duften beginnen. Auskühlen lassen, mit Sumach und Thymian mischen und im Mörser etwas zerstampfen.

Zahtar hält sich in einem luftdichten Behälter im Kühlschrank etwa 3 Monate.

Vielfach wird Zahtar auch mit Dukka gemischt.

NIMM EINEN TEIGKLOSS …

AUS DER BIBLISCHEN BACKSTUBE

»Nimm einen Teigkloß, forme einen dünnen Fladen daraus und wirf ihn mit Schwung an die Wand des heißen Backofens.«

So müsste es in einem biblischen Backbuch heißen, doch das hat es damals, in den Tagen, da die meisten weder lesen noch schreiben konnten, noch nicht gegeben. Doch erfahren wir aus der Bibel viel über das tägliche und auch das festliche Backen.

»Im Schweiße deines Angesichts wirst du dein Brot essen …« (1. Mose 3,19) – und natürlich auch backen. Denn, wenn Sara und ihre Geschlechtsgenossinnen backen wollten, mussten sie zuerst einmal das Korn für ihre Fladenbrote frisch mit einem Mahlstein mahlen und den Teig mit ihren Händen kneten. Dann legten sie die Teigfladen auf große, glatte, natürlich heiße Steine am Rande des offenen Feuers und wendeten sie nach einer Weile um, etwa so, wie wir heute Pfannkuchen backen. Die Kunst der Bäckerin bestand darin, die Fladen so nah ans Feuer zu schieben, dass sie gebacken wurden, aber auch weit genug vom Feuer entfernt zu platzieren, damit sie nicht verbrannten. Wohlhabendere Familien besaßen oft auch schon eine große runde Eisenschüssel, die umgekehrt auf eine Feuerstelle gelegt wurde, und auf dem heißen Eisen wurden dann die Fladen gebacken. Es gab aber noch eine dritte Möglichkeit:

»Ist aber dein Speisopfer etwas auf der Pfanne Gebackenes, so soll's von ungesäuertem Mehl sein, mit Öl vermengt ...« (3. Mose 2,5)

Die Fladen wurden also von beiden Seiten wie Pfannkuchen »gebraten«.

Frisches Fladenbrot war damals das wichtigste Grundnahrungsmittel. Es gehörte einfach zu jeder Mahlzeit dazu – und das wohl frugalste, aber unheimlich leckere Gericht war:

Fladenbrotstücke in Olivenöl zu tunken, sie mit Salz zu bestreuen und gesammelte Kräuter wie Lattich, Löwenzahn und Zichorie dazu zu essen.

Ein Rezept ist uns aber trotz aller Recherchen verborgen geblieben: Manna, das Brot der Engel. Schließlich stammte es ja auch aus der himmlischen Backstube und ist mit unseren bescheidenen irdischen Mitteln nicht herzustellen. Nur wie es geschmeckt haben soll, können wir erahnen, denn Moses verrät: *»... Und es war wie weißer Koriandersamen und hatte einen Geschmack wie Semmel mit Honig.«* (2. Mose 16,31). Als ich das wusste, hat's mich dann doch gepackt, ich habe experimentiert, Teige gerührt, gebacken und probiert – und hier ist mein ganz persönliches, wenn auch etwas unbiblisches Manna-Rezept:

MANNA

»…[Er] ließ Manna auf sie regnen zur Speise und gab ihnen Himmelsbrot. Brot der Engel aßen sie alle, er sandte ihnen Speise in Fülle.« (Psalm 78,24–25)

10–16 Brötchen
500 g Weizenmehl
1 Päckchen Trockenhefe
1 Tl Salz
1 Tl gemahlener Koriander
100 g Honig
125 g weiche Butter
1 Ei
ca. 200 ml lauwarme Milch
Korianderkörner zum Bestreuen

Das Mehl mit der Hefe mischen, Salz und Koriander zugeben, dann den Honig, die Butter, das Ei und nach und nach die Milch kräftig unterkneten, bis sich der elastische Teig aus der Schüssel löst.

Zudecken und bei Zimmertemperatur 3–4 Stunden, besser noch über Nacht im Kühlschrank gehen lassen, bis sich das Volumen verdoppelt hat.

Den Teig noch einmal kurz durchkneten, dann in 20 etwa 50 g schwere Stücke teilen, runde Brötchen formen, auf ein bemehltes Backblech legen, zudecken und noch einmal etwa 30 Minuten bei Zimmertemperatur gehen lassen.

Die Brötchen mit Milch bestreichen, mit Koriander bestreuen und im vorgeheizten Backofen (E: 180 °C, G: 2–3) etwa 25 Minuten goldbraun backen. Herausnehmen und auskühlen lassen.

So ähnlich könnte das Manna geschmeckt haben. Auf alle Fälle schmecken diese Brötchen bestens zum Frühstück, zum Beispiel mit fruchtiger Feigenkonfitüre, zu Ziegenfrischkäse und Datteln oder Feigen …

CHALLAH

Traditionell beginnt das Sabbat-Mahl mit zwei Laiben Challah, die an die doppelte Manna-Menge erinnern, welche die Israeliten während ihrer 40-jährigen Wanderung sammeln durften.

»Als Erstling eures Teigs sollt ihr einen Kuchen als Opfergabe darbringen.« (4. Mose 15,20)

2 El neutrales Öl
2 Päckchen Trockenhefe
80 g Zucker
120 ml lauwarmes Wasser
115 g ungesalzene Butter
240 ml Vollmilch
1 El Akazienhonig
4 Eier
1000 g Weizenmehl Type 405
1 El Salz
1 Ei
1 Eigelb
1 El süße Sahne
wahlweise Sesam, Mohn, Kümmel, grobes Salz etc. zum Bestreuen

Mit dem Öl eine Knetschüssel auspinseln. Die Hefe mit 1 El Zucker und Wasser mischen und etwa 5 Minuten stehen lassen, bis die Hefe schaumig wird. Die Butter auf dem Herd in der Milch schmelzen, den restlichen Zucker und Honig unterrühren, bis alles aufgelöst ist. Mit den Eiern unter die Hefe rühren, das Mehl zugeben und 3 Minuten auf niedriger Stufe kneten, salzen und den Teig dann auf mittlerer Stufe 8–10 Minuten kneten, bis er sich glatt und elastisch aus der Schüssel löst. Eine Kugel formen, mit Öl einpinseln, mit Klarsichtfolie abdecken und bei Zimmertemperatur 60–90 Minuten gehen lassen.

Den Teig einmal durchkneten, dann wieder abdecken und nochmals 45 bis 60 Minuten gehen lassen, bis sich sein Volumen wieder verdoppelt hat. Den Teig wieder durchkneten, halbieren, jede Hälfte in drei gleich schwere Stücke teilen und auf gut bemehlter Arbeitsfläche zu etwa 40 cm langen Strängen, die in der Mitte dicker sind, ausrollen.

Jeweils drei Stränge nebeneinander legen und von der Mitte ausgehend nach beiden Enden einen Zopf flechten. Die Enden zusammendrücken und unterklappen. Die Zöpfe auf ein mit Backpapier ausgelegtes Blech legen, mit einem Tuch abdecken und bei Raumtemperatur etwa 40 Minuten gehen lassen, bis sie schön aufgegangen sind und ihr Volumen sich fast verdoppelt hat.

Ei, Eigelb und Sahne verquirlen, die Zöpfe damit einpinseln und nach Geschmack mit Mohn, Sesam, Kümmel und grobem Salz oder auch mit Hagelzucker bestreuen. Im vorgeheizten Backofen (E: 200 °C, G: 3) etwa 20 Minuten backen, dann weitere 15–20 Minuten lang bei niedrigerer Temperatur (E: 175 °C, G: 2) goldbraun backen. Dabei hin und wieder mit der Eisahne (Sahne und Eigelb vermischt) bestreichen. Falls sie zu schnell bräunen, die Oberfläche mit Alufolie abdecken. Aus dem Ofen nehmen und auskühlen lassen.

Wenn Sie eine Schale mit Wasser beim Aufheizen mit in den Backofen stellen oder vorsichtig nach dem Einschieben in den Ofen gießen, gehen die Brote schöner auf. Nach dem Anschneiden halten sie sich in einer Plastiktüte 2 Tage frisch.

ROSCH HASCHANAH CHALLAH

Die Challah, die zu Rosch HaSchanah, dem Neujahrsfest, zu dem man sich ein »rundes Jahr« wünscht, gebacken werden, sind rund und symbolisieren so auch den Jahreszyklus.

Außerdem wünscht man sich auch ein «süßes Jahr«, und darum kommen noch Honig und Rosinen in den Teig und die Challah wird mit Hagelzucker bestreut oder mit Zuckerglasur bestrichen.

SABBATBROT MIT SAUERTEIG

3 Eier
1 El Salz
3–4 El Honig
1000 g Weizenvollkornmehl

35 g Grundsauer (S. 57)
75 ml Pflanzenöl
75–100 ml Wasser
extra Mehl zum Kneten
gerösteter Sesam zum Bestreuen

Zwei Eier mit Salz und Honig kräftig aufschlagen. Mehl, Grundsauer und Öl unterkneten und nach und nach so viel Wasser zugeben, dass ein glatter Teig entsteht. So lange durchkneten, bis er sich aus der Schüssel löst. Mit Mehl bestäuben, zudecken und warm gestellt 3–5 Stunden gehen lassen, bis der Teig sein Volumen etwa verdoppelt hat.

Den Teig halbieren und jede Hälfte in drei gleiche Stücke schneiden. Auf gut bemehlter Arbeitsfläche etwa 40 cm lange Stränge ausrollen. Jeweils drei Stränge nebeneinander legen und von der Mitte ausgehend nach den Enden hin einen Zopf flechten. Die Enden zusammendrücken und unterklappen. Die Zöpfe auf ein mit Backpapier ausgelegtes Blech legen, mit einem Tuch abdecken und bei Raumtemperatur etwa 2 Stunden gehen lassen, bis sie schön aufgegangen sind und ihr Volumen fast verdoppelt haben.

Das letzte Ei aufschlagen, mit 1–2 El Wasser verquirlen. Die Zöpfe damit bepinseln und mit Sesam bestreuen. Im vorgeheizten Backofen (E: 200 °C, G: 3) etwa 20 Minuten backen, dann weitere 15–20 Minuten bei niedrigerer Temperatur (E: 175 °C, G: 2) goldbraun backen. Dabei hin und wieder mit dem verquirlten Ei bestreichen. Falls sie zu schnell bräunen, die Oberfläche mit Alufolie abdecken. Aus dem Ofen nehmen und auskühlen lassen.

Wenn Sie eine Schale mit Wasser beim Aufheizen mit in den Backofen stellen, gehen die Brote schöner auf.

MAZZE
(Matze, Matzah, Mazzoth)

»Und sie buken aus dem rohen Teig, den sie aus Ägypten mitbrachten, ungesäuerte Brote; denn er war nicht gesäuert, weil sie aus Ägypten weggetrieben wurden und sich nicht länger aufhalten konnten und keine Wegzehrung zubereitet hatten.«
(2. Mose 12,39)

Ungesäuertes Brot, »Leidensbrot«, ist das einzige Brot, das die Juden in der Passahwoche essen dürfen. Nach dem Brauch müssen innerhalb von 17 Minuten der Teig geknetet und die Mazze gebacken sein.

500 g Weizenvollkornmehl
250–270 ml Wasser
Mehl zum Ausrollen
Öl für das Backblech

Mehl und Wasser verrühren und gründlich durchkneten. Den Teig in 8–10 gleich schwere Stücke teilen, zu Kugeln formen und auf einer bemehlten Arbeitsfläche etwa 10 cm große Fladen ausrollen. Auf das geölte Backblech legen, mit einer Gabel mehrmals einstechen – damit sich keine Blasen bilden –, und dann im vorgeheizten Backofen (E: 225–250 °C, G: 5–6) etwa 10 Minuten backen.

Die Mazze, wenn sie weich gegessen werden sollen, aus dem Backofen nehmen und bald servieren. Sie können sie aber auch im ausgeschalteten Backofen auskühlen lassen. Dann wird sie ähnlich hart wie Knäckebrot und kann luftverschlossen lange aufbewahrt werden.

SARAS KUCHENBROT

»Abraham eilte in das Zelt zu Sara und sprach: Eile und menge drei Maß feinstes Mehl, knete und backe Kuchen.«
(1. Mose 18,6)

Damit war Sara die erste Frau, die – nach der Bibel – gebacken hat, und nicht irgendein gewöhnliches Gerstenbrot, sondern ein Brot mit feinstem Mehl, sprich Weizenmehl. Abraham bewirtete seine Gäste also mit den besten Vorräten.

500 g Weizenvollkornmehl
1 Tl Salz
ca. 250 ml lauwarmes Wasser
Mehl für die Arbeitsfläche
Sesamöl

Das gesiebte Mehl mit Salz und dem Wasser so lange zu einem weichen, elastischen Teig kneten, bis der sich aus der Schüssel löst. Mit einem feuchten Tuch abdecken und warm gestellt 2–3 Stunden ruhen lassen. Den Teig in acht gleiche Stücke teilen, zu Kugeln formen und auf der bemehlten Arbeitsfläche flache, etwa 15 cm große Fladen ausrollen. Mit einem feuchten Tuch bedeckt gut 30 Minuten ruhen lassen und dann backen:

- Auf klassische Art: Die Fladen einzeln in einer leicht geölten Bratpfanne auf beiden Seiten goldbraun backen.
- Auf moderne Art: Die Fladen auf dem geölten Backblech im vorgeheizten Backofen (E: 250 °C, G: 6) backen, bis die Ränder beginnen, sich aufzurollen.
- Auf Bibel-Nostalgiker-Art: Die Fladen auf einem flachen Schamottstein oder unglasierten Dachziegel, beides gut geölt, am Rand des Holzkohlengrills backen. Die Kunst bei dieser uralten Technik ist es, das Brot so nah wie möglich an die Glut zu schieben, ohne es zu verbrennen. Die fertigen Fladen warm stellen und noch warm servieren.

SAUERTEIG
– Grundrezept –

Sauerteig entsteht in drei Stufen

– Anfrischsauer,
– Vorsauer und
– Grundsauer

während derer Mehl und Wasser langsam natürliche Hefen bilden. Deshalb dauert es ein paar Tage, bis das Backen richtig losgehen kann, doch wenn der Vollsauer fertig ist, lassen sich Brot und Gebäck leicht herstellen.

Anfrischsauer

225 g Weizenvollkornmehl
300 ml lauwarmes Wasser

Mehl und Wasser zu einem glatten Brei verrühren und 2–5 Tage an einem warmen Platz offen stehen lassen. Dabei gelegentlich umrühren. Der Mehlbrei braucht Sauerstoff, damit die Hefen aktiv werden können. Sie setzen Gase frei, verändern das Volumen und die Beschaffenheit des Mehlbreis. Der Anfrischsauer ist fertig, wenn er frisch gegoren riecht, sich Bläschen bilden und er klebriger als der Mehlbrei ist.

Mit diesem Sauerteigansatz kann man Brot und Kuchen zum Gehen bringen.

Achtung: Orangefarbene oder blaue Verfärbung und übler Geruch sind Zeichen dafür, dass der Anfrischsauer verdorben ist.

Grundsauer

Anfrischsauer (Menge s. o.)
225 g Weizenvollkornmehl
300 ml lauwarmes Wasser

Den Anfrischsauer mit dem Mehl und dem Wasser verrühren, mit einem Tuch abdecken und 8–10 Stunden (über Nacht) warm gestellt gehen lassen. Dabei verdoppelt sich das Volumen und danach ist auch der Grundsauer, wie der Anfrischsauer, klebrig.

Wenn Sie 225 g Grundsauer abnehmen und kühl stellen, haben Sie nach 1–2 Stunden den Ansatz für den nächsten Brotteig.

Vollsauer

Grundsauer
350 g Weizenvollkornmehl
150–300 ml lauwarmes Wasser

Mehl und Wasser gründlich unter den Grundsauer rühren. Je nach Rezept die restlichen Zutaten untermengen und das Gebäck zubereiten.

Da es von der Temperatur abhängt, wie lange Anfrischsauer, Grundsauer und Vollsauer zur Gärung brauchen, sind die Zeiten nur Richtwerte, die bis zu 24 Stunden differieren können.

- Wer den Sauerteig sehr sauer mag, sollte Anfrischsauer, Grundsauer und Vollsauer länger gehen lassen.
- Wegen der Gasbildung den Sauerteig immer offen lagern.
- Sauerteigansatz, der im Kühlschrank aufbewahrt wurde, muss einige Stunden vor Gebrauch herausgenommen werden, damit er Raumtemperatur annimmt.
- Die beste Aufbewahrungsmethode für Sauerteig, der einige Wochen nicht benutzt wird, ist: 225 g Vorteig bei Raumtemperatur zu einem harten Klumpen eintrocknen lassen. Dieser Trocken-Ansatz kann in 3–12 Stunden wieder brauchbar gemacht werden: einfach in Wasser legen.

GERSTENFLADEN

»Gerstenfladen sollst du essen ...« (Hesekiel 4,12)

300 ml heiße Milch
Salz
1–2 El Honig
500 g Gerstenmehl
Mehl für die Arbeitsfläche
Öl zum Backen

Die Milch mit Salz und Honig verrühren, das gesiebte Mehl nach und nach untermischen und den Teig so lange kneten, bis er sich aus der Schüssel löst. Mit einem feuchten Tuch abdecken und warm gestellt 2–3 Stunden ruhen lassen. Danach den Teig in acht gleiche Stücke teilen, zu Kugeln formen und auf der bemehlten Arbeitsfläche etwa 15 cm große Fladen ausrollen. Mit einem feuchten Tuch bedeckt gut 30 Minuten ruhen lassen und dann:

- auf klassische Art die Fladen einzeln in einer leicht geölten Bratpfanne auf beiden Seiten goldbraun backen und warm stellen;
- auf moderne Art die Fladen auf dem geölten Backblech im vorgeheizten Backofen (E: 250 °C, G: 6) backen, bis die Ränder beginnen, sich aufzurollen.

Eine interessante Variante, die dem mehrfach in der Bibel erwähnten Rosinenkuchen entsprechen könnte: Beim Kneten 150 g Sultaninen unterarbeiten.

WEIZENVOLLKORN-SAUERTEIGBROT

Das heute übliche Weizenvollkornbrot war zur Zeit der Bibel ein elitäres Luxusbrot für die Tafeln der Reichen. Normalerweise mischte man einige Hand voll Weizen unter das billigere Gerstenmehl. Das folgende Rezept eignet sich für Laibbrote, Fladen, Pitas und auch Brötchen.

Grundsauer (S. 57)
700 g Weizenvollkornmehl
ca. 300 ml warmes Wasser
2 Tl Salz
2 El Honig
Mehl zum Kneten
2 El neutrales Öl
Sesam oder schwarzer Kümmel zum Bestreuen

Den Grundsauer mit dem Mehl, Wasser, Salz und Honig zu einem ge-

schmeidigen Teig kneten und auf der bemehlten Arbeitsfläche – so das Original – mit bemehlten Händen 300-mal (!!!) durchkneten. Das gibt Muckis! Einfacher geht's natürlich mit der Küchenmaschine. Den Teig kneten, bis er sich aus der Schüssel löst. Er soll fest und glatt sein. Den Teig mit Öl bestreichen, mit einem feuchten Tuch zudecken und warm gestellt 3 Stunden oder auch etwas länger gehen lassen.

Noch einmal kurz, aber kräftig durchkneten, halbieren, die Teile zu Kugeln kneten, flach drücken, die Oberfläche in Achtel einschneiden und mit dem feuchten Tuch zugedeckt nochmals 2 Stunden warm stellen. Den Backofen vorheizen (E: 200 °C, G: 3) – dabei eine Schale Wasser hineinstellen – und die Brote bei niedrigerer Temperatur (E: 175 °C, G: 2) etwa 1 Stunde backen. Die Garprobe mit einer Stricknadel machen. Bleibt diese beim Herausziehen trocken, ist das Brot durchgebacken. Herausnehmen und bis zum Anschneiden mindestens 30 Minuten ruhen lassen.

PITA

Pita, ein rundes Fladenbrot mit einem Luftloch in der Mitte, ist nicht nur in Israel, sondern im gesamten Vorderen Orient die wohl populärste Brotsorte, die ofenfrisch direkt vom Bäcker am besten schmeckt. Es ist aus dem alltäglichen Speisezettel, darüber ist man sich einig, kaum wegzudenken – ob zum Frühstück, als Beilage zur Hauptmahlzeit oder pikant gefüllt als kleine Zwischenmahlzeit. Es gibt wahrscheinlich so viele Original-Pita-Rezepte wie Backstuben, und jedes hat kleine Nuancen bei den Zutaten. Aber eins ist unstrittig: Aus dem häuslichen Backofen schmecken sie einfach nicht so gut wie aus dem dampfenden Ofen der kleinen Pita-Bäckerei an der Ecke. Deshalb ist das folgende Rezept eigentlich nur zum Einschmecken:

500 g Weizenmehl
1 Tl Salz
1 Päckchen Trockenhefe
ca. 25 ml lauwarmes Wasser
Öl zum Bestreichen und für das Backblech

Das Mehl mit Salz, Hefe und dem lauwarmen Wasser so lange kneten, bis der Teig sich aus der Schüssel löst. Zu einer Kugel formen, mit Öl bepinseln und zugedeckt etwa 30 Minuten an einem warmen Ort gehen lassen, bis sich das Volumen etwa verdoppelt hat. Den Teig durchkneten, in sechs gleiche Stücke teilen und auf einer gut bemehlten Arbeitsfläche zu etwa 1/2 cm dicken Fladen ausrollen. Diese auf gefettete Backbleche legen, mit einer Gabel mehrmals einstechen und zugedeckt nochmals 30 Minuten an einem warmen Ort gehen lassen. Die Fladen mit Öl einpinseln und im vorgeheizten Backofen (E: 225 °C, G: 4) etwa 10 Minuten backen, dann wenden und auf der anderen Seite nochmals 5 Minuten backen, herausnehmen und noch lauwarm genießen oder auskühlen lassen.

Auf das Öl kommt es an, denn das sorgt für den speziellen Geschmack. Probieren Sie es aus und pinseln Sie Ihre Pitas mit Sesamöl ein, mit Olivenöl, mit Knoblauchöl oder auch mit Nussöl. Außerdem können Sie sie mit Sesamsamen bestreuen oder mit Kümmel, Mohn ...

BROT AUS DEM RÖMERTOPF

Die Köchinnen der Antike schoben einen gut gewässerten Tontopf vom äußeren Rand des Feuers nach und nach vorsichtig in die heiße Glut, damit der Ton nicht zerbrach. Heute gibt es einen dem antiken Vorbild nachempfundenen speziellen Römertopf zum Brotbacken. Er muss vor dem Backen 15 Minuten gewässert werden, damit der Ton sich vollsaugen kann. Deshalb: Den Teig nach einem der Rezepte zubereiten, einen Brotlaib formen, zum letzten Mal aufgehen lassen und diesen in den gewässerten Römertopf legen. Den Deckel auflegen, den Topf in den kalten Backofen schieben, aufheizen (E: 240 °C, G: 5–6) und das Brot etwa 35 Minuten backen. Den Deckel abnehmen und das Brot noch 10 Minuten backen, damit die Kruste knusprig braun wird.

WEIZENMISCHBROT

»Es kam aber ein Mann von Baal-Schalischa und brachte dem Mann Gottes Erstlingsbrot, nämlich zwanzig Gerstenbrote, und neues Getreide ...« (2. Könige 4, 42)

Grundsauer (S. 57)
250 g Gerstenmehl
450 g Weizenmehl
ca. 300 ml warmes Wasser
2 Tl Salz
2 El Honig
Mehl zum Kneten
2 El neutrales Öl
Sesam, Mohnsaat oder schwarzer Kümmel zum Bestreuen

Den Grundsauer mit dem Mehl, Wasser, Salz und Honig zu einem geschmeidigen Teig kneten und auf der bemehlten Arbeitsfläche – so das Original – mit bemehlten Händen 300-mal (!!!) durchkneten. Einfacher geht's natürlich mit der Küchenmaschine. Den Teig kneten, bis er sich aus der Schüssel löst. Er soll fest und glatt sein. Den Teig mit Öl bestreichen, mit einem feuchten Tuch zudecken und warm gestellt 3 Stunden oder auch etwas länger gehen lassen. Noch einmal kurz, aber kräftig durchkneten, halbieren, die Teile zu Kugeln kneten, flach drücken, die Oberfläche in Achtel einschneiden und mit einem feuchten Tuch zugedeckt wieder 2 Stunden warm stellen. Den Backofen – eine Schale Wasser beim Aufheizen hineinstellen – vorheizen (E: 200 °C, G: 3) und die Brote bei niedrigerer Temperatur (E: 175 °C,

G: 2) etwa 1 Stunde backen. Dann die Garprobe mit einer Stricknadel machen. Bleibt sie beim Herausziehen trocken, ist das Brot durchgebacken. Herausnehmen und bis zum Anschneiden mindestens 30 Minuten ruhen lassen.

BROT AUS JERICHO

Die uralte Stadt Jericho liegt am Westufer des Jordan. Mit ihrer Lage von 260 m unter dem Meeresspiegel ist sie die tiefstgelegene Stadt der Welt. Bekannt ist sie nicht nur durch die legendäre Jericho-Rose, welche die Jungfrau Maria auf der Flucht von Nazareth nach Ägypten gesegnet und ihr damit ewiges Leben verliehen haben soll, sondern auch wegen ihrer Palmenwälder, wo die berühmten Datteln reiften. Deshalb wird Jericho auch die Palmenstadt genannt. Die hier beschriebene Brotvariante wird durch die Datteln saftig und nahrhaft gemacht und braucht deshalb weder Milch noch Eier.

250 g entsteinte Datteln
250 g Grundsauer (S. 57)
450 g Weizenvollkornmehl
ca. 300 ml warmes Wasser
1 Tl Salz
2 El Dattelsirup oder Honig
4 El neutrales Pflanzenöl
50–75 g gehackte Walnüsse

Die Datteln fein wiegen, dann mit dem Grundsauer und den übrigen Zutaten so lange durchkneten, bis der Teig glatt ist und sich aus der Schüssel löst. Sollte der Teig nicht fest genug werden, noch Mehl zugeben. Den Teig halbieren, zwei Laibe formen, auf ein geöltes Backblech legen, mit einem feuchten Tuch bedecken und warm gestellt 2–3 Stunden (auch länger) gehen lassen. Die Oberflächen der Brote mit einem scharfen Messer einschneiden und mit warmem Wasser bepinseln. Im vorgeheizten Backofen (eine Schale Wasser beim Aufheizen hineinstellen, E: 200 °C, G: 3) etwa 60 Minuten backen. Die Brote während des Backens zwei- bis dreimal mit Wasser einpinseln, damit das Brot nicht austrocknet. Die fertigen Brote noch 10 Minuten im ausgeschalteten Backofen ruhen lassen, herausnehmen und vor dem Anschneiden auskühlen lassen.

SAUERTEIG-FEIGEN-BROT

»… und sie gaben ihm ein Stück Feigenkuchen …« (1. Samuel 30,12)

300 g Grundsauer (S. 57)
300 ml lauwarmes Wasser
300 g Weizenvollkornmehl
Salz
1–2 Tl Honig
1/2 Tl Zimt
2 El neutrales Pflanzenöl
150 g Trockenfeigen
3–4 El gerösteter Sesam zum Bestreuen

Den Grundsauer mit dem Wasser verrühren, Mehl, Salz, Honig, Zimt und Öl unterkneten und alles zu einem griffigen, trockenen Teig verarbeiten. Falls nötig, noch etwas Mehl oder Wasser zugeben.

Den Teig auf der bemehlten Arbeitsfläche zu einem etwa 30 cm breiten, fingerdicken Rechteck ausrollen. Die in kleine Stücke geschnittenen Feigen auf dem ausgerollten Teig – gut 1 cm Rand freilassen – verteilen, mit Sesam bestreuen, aufrollen, die Enden zusammendrücken und unterklappen. Das Brot mit dem Schluss nach unten auf das gefettete Backblech legen, die Oberfläche mit einem scharfen Messer der Länge nach leicht einschneiden und mit einem feuchten Tuch zugedeckt je nach Raumtemperatur 1 bis 3 Stunden gehen lassen.

Das Brot im vorgeheizten Backofen (E: 175 °C, G: 2) 60 Minuten backen und die Oberfläche währenddessen einige Male mit Wasser einpinseln. Die Garprobe mit einer Stricknadel machen. Das fertige Brot im ausgeschalteten Backofen bei offener Tür auskühlen lassen.

Aus dem Brotteig können Sie auch Schnecken backen. Einfach die Feigenrolle vor dem Aufgehen in dicke Scheiben schneiden. Die Scheiben auf ein gut gefettetes Backblech legen, zugedeckt 60 Minuten gehen lassen und dann 20 Minuten im vorgeheizten Backofen (E: 175 °C, G: 2) abbacken.

DAS BROT DER ESSENER

»Befeuchte deinen Weizen, dass der Wasserengel hineinkommen kann …« (Essener Friedensbotschaft)

Die asketisch lebenden Essener von Qumran, eine ordensähnliche jüdische Religionsgemeinschaft, haben nicht nur die frühchristliche Kirche stark beeinflusst, sie waren auch großartige Bäcker, die mit Keimlingen arbeiteten, die ihren Broten ohne Honig, Eier oder Öl einen süß-frischen, fast kuchenähnlichen Geschmack schenkten. Das Original dieses Rezeptes fand ich in den Qumran-Schriftrollen, die am Toten Meer gefunden wurden.

700 g keimfähige Weizenkörner
ca. 1500 ml Wasser
50 g Rosinen/Sultaninen
50 g gehackte Mandeln oder Walnüsse
Öl für das Backblech

Für die recht ungewöhnliche Zubereitung dieses Brotes brauchen Sie entweder ein großes Keimgerät oder alternativ zwei Schüsseln mit mindestens 1200 ml Fassungsvermögen und zwei ungefärbte Leintücher, die gut 10 cm größer als die Schüsseln sind. Die folgende Beschreibung ist für alle, sicher die meisten, die kein Keimgerät ihr Eigen nennen.

Jeweils 350 g Weizenkörner und 750 ml Wasser in jedes Gefäß geben, mit einem Tuch abdecken, das fest mit einem Gummiband oder einem Bindfaden darübergespannt wird. Die Körner über Nacht einweichen lassen und das Wasser am nächsten Tag durch das Tuch abgießen. Nach etwa 8 Stunden den Weizen mit kaltem Wasser berieseln und das Wasser sofort wieder abschütten. Dann diese Prozedur 2–4 Tage lang zwei- oder dreimal täglich wiederholen. Wenn die Keime etwa so lang wie das Korn sind, können sie verarbeitet werden.

Mit einem Pürierstab, im Mixer oder mit einem Fleischwolf die Keime zu einem weichen, etwas klebrigen Teig verarbeiten. Dann die Rosinen/ Sultaninen und Nüsse untermengen. Mit nassen Händen einen oder zwei runde Brotlaibe formen, auf ein gut geöltes Backblech legen, mit Öl einpinseln, mit einem feuchten Tuch abdecken und mindestens 1 Stunde, besser noch länger, ruhen lassen.

Das Brot im vorgeheizten Backofen (E: 175 °C, G: 2) etwa 1 1/2–2 Stunden oder bei niedrigerer Temperatur (E: 150 °C, G: 1) mindestens 2 Stunden backen. Die Garprobe mit einer Stricknadel machen: Ist die Nadel beim Herausziehen trocken, ist das Brot gar. Herausnehmen und auskühlen lassen.

Ich meine, dass die Frische und das Aroma der Weizenkeime bei der niedrigeren Backtemperatur besser zur Geltung kommen.

Das Essener Brot hält sich, wie übrigens auch alle anderen Sauerteigbrote, lange frisch und schmeckt einfach besser, wenn es erst ein oder zwei Tage nach dem Backen angeschnitten wird.

HESEKIELS BROT

Bei Hesekiel finden wir eines der wenigen fragmentarischen »Rezepte« in der Bibel, die zumindest Angaben über die verwendeten Zutaten enthält. Doch wer es ausprobiert, wird leider feststellen müssen, dass Hesekiels Brot weniger eine Delikatesse als eine nahrhafte Überlebensration bei der schrecklichen Hungersnot nach der Eroberung durch die Babylonier war. Das nun folgende Rezept enthält alle bei Hesekiel beschriebenen Zutaten, und wir vermuten – da sie in ein Gefäß kamen – dass man die Körner, wie beim Essener Brot, vor der weiteren Verarbeitung keimen ließ.

25 g Gerste
50 g Linsen
25 g Hirse
25 g Dicke Bohnen
175 g Dinkel
175 g Weizen
ca. 100 ml Wasser
Salz
2 El neutrales Öl

Für die recht ungewöhnliche Zubereitung dieses Brotes brauchen Sie entweder ein mehrstöckiges Keimgerät oder alternativ sechs Schüsseln und sechs ungefärbte Leintücher, die gut 10 cm größer als die Schüsseln sind. Die folgende Beschreibung ist für alle, sicher die meisten, die kein Keimgerät ihr Eigen nennen.

Die Getreidekörner und getrockneten Hülsenfrüchte jeweils mit der doppelten Menge Wasser in ein Gefäß geben, mit einem Tuch abdecken und mit einem Gummiband oder einem Bindfaden fest darüberspannen. Über Nacht einweichen lassen, das Wasser am nächsten Tag durch das Tuch abgießen, nach etwa 8 Stunden mit kaltem Wasser berieseln und das Wasser sofort wieder abschütten. Diese Prozedur 2 bis 4 Tage lang zwei- oder dreimal täglich wiederholen. Wenn die Keime etwa so lang wie das Korn sind, können sie verarbeitet werden. Mit der Gerste 5 Tage vor dem Backen beginnen, Linsen, Hirse und Dicke Bohnen 1 Tag später ankeimen lassen und den Dinkel sowie Weizen wieder 1 Tag später zum Keimen bringen. Wenn die Keime etwa so lang wie das Korn bzw. die Hülsenfrucht sind, können sie verarbeitet werden.

Alle Zutaten im Mixer oder mit einem Fleischwolf zu einem weichen, etwas klebrigen Teig verarbeiten, salzen und den Teig 2 Stunden ruhen lassen. Mit nassen Händen einen Brotlaib formen, auf ein gut geöltes Backblech legen, mit Öl einpinseln, mit einem feuchten Tuch abdecken und mindestens 1 Stunde, besser noch länger, ruhen lassen. Im vorgeheizten Backofen bei niedrigerer Temperatur (eine Schüssel Wasser beim Aufheizen hineinstellen, (E: 150 °C, G: 1–2) etwa 45 Minuten backen, dann bei niedrigerer Temperatur (E: 125 °C, G: 1) noch einmal 2 Stunden backen. Die Garprobe mit einer Stricknadel machen: Ist die Nadel beim Herausziehen trocken, ist das Brot gar. Herausnehmen, das Brot noch warm aufschneiden und servieren.

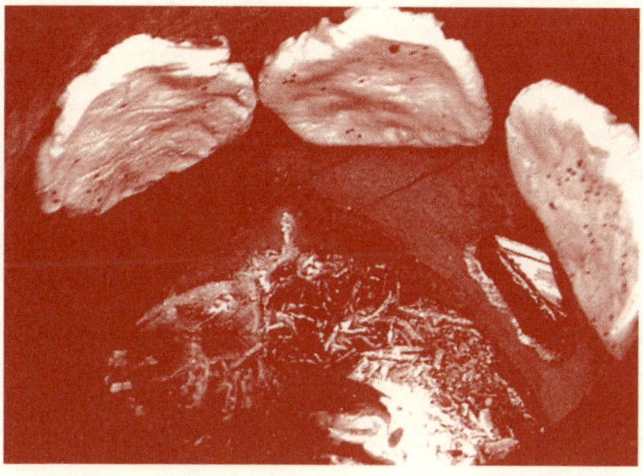

GESALZENE KICHLACH

Sie werden traditionell am Sabbat mit gehackten Heringen oder einem Heringssalat gegessen.

30–40 Stück

3 Eier
1/2 Tl Zucker
200 g Mehl
1/2 Tl Backpulver
1 Tl Salz
4 El Öl
Öl zum Bestreichen
Meersalz zum Bestreuen

Die Eier mit dem Zucker zu einer dickschaumigen Masse aufschlagen, dann das mit Backpulver vermengte Mehl, das Salz und nach und nach das Öl unter ständigem Rühren unterarbeiten, bis ein glatter Teig entstanden ist.

Den Teig auf der mit Mehl bestäubten Arbeitsfläche etwa 1/2 cm dick ausrollen und in etwa 4 cm große Quadrate, Rauten oder Rechtecke schneiden. Mit Öl bestreichen, mit einer Gabel einstechen, mit Meersalz bestreuen.

Die Kichlach auf ein gut gefettetes Backblech legen und im vorgeheizten Backofen (E: 180 °C, G: 2–3) etwa 30 Minuten hellbraun backen.

UND DU SOLLST FEINSTES MEHL NEHMEN …

GETREIDEGERICHTE

»… und davon zwölf Brote backen – zwei Zehntel soll ein Brot haben …« (3. Moses 24,5)

Der erste Sämann bestellte wahrscheinlich vor über 3 000 Jahren sein Feld im niederschlagsreichen Winterregengebiet des Fruchtbaren Halbmondes, von den Arabern *Bilad ash-Shams*, Land der Sonne, genannt, das die Trockengebiete Syriens, Saudi-Arabiens und des Irak im Norden halbmondförmig umschließt. Ein Gebiet, das als Wiege von Ackerbau und Viehzucht gilt und in dem wir auch die weltältesten Stadtkulturen wie Jericho und Çatal Hüyük finden.

Damit unsere Urahnen die Früchte ihres Acker auch genießen konnten, zerkleinerten sie die Getreidekörner zuerst mit so genannten »Reibsteinen«, bei denen die Körner auf einem flachen Bodenstein mit einem zweiten, abgerundeten Stein zerrieben werden.

Später erfanden sie den Mörser, in dem das Getreide zerstampft wird, und entwickelten daraus die Querne, bei denen ein handbetriebener Drehstein in einem gleichmäßig ausgehöhlten Bodenstein das Getreide schrotet, das sie nicht nur für ihre Fladenbrote, sondern auch für die Kraft spendenen Breimahlzeiten brauchten.

In Mesopotamien und später auch im Ägypten der Pharaonen wurde die Gerste nicht nur zum Brotbacken und Bierbrauen verwendet, sondern das in den Speichern eingelagerte Korn wurde auch als geldwerte Verrechnungseinheit benutzt.

GERSTENGRAUPEN

»Diese sechs Maß Gerste gab er mir, denn er sagte: Du sollst nicht mit leeren Händen zu deiner Schwiegermutter kommen.« (Ruth 3,17)

Grundrezept für etwa 4 Portionen

250 g Gerstengraupen
750 ml Wasser oder Brühe
Salz

Die Graupen unter kaltem Wasser abbrausen, mit dem Wasser bzw. der Brühe aufgießen, salzen, zum Kochen bringen und zugedeckt auf milder Hitze 30–40 Minuten sieden lassen.

GERSTENWASSER

Gerstenwasser ist eines der ältesten, innerlich wirkenden Kosmetika, denn schon die Damen Babyloniens versprachen sich einen glatten Teint davon. Was Wahrheit, was Wunderglaube ist, vermag ich nicht zu beurteilen. Auf alle Fälle ist das Gerstenwasser aber ein nahrhaftes Getränk.

250 g Bio-Gerste (aus dem Reformhaus)
2500 ml Wasser
Salz
100–150 g Honig

Die Graupen unter kaltem Wasser abbrausen, mit dem Wasser aufgießen, salzen, zum Kochen bringen und zugedeckt bei milder Hitze 6–12 Stunden ziehen lassen. Dabei hin und wieder verdunstetes Wasser nachfüllen, damit am Ende des Kochvorgangs noch etwa 1500 ml Flüssigkeit bleiben.

Je länger die Gerste kocht, umso dickflüssiger wird das Gerstenwasser.

Durch ein Sieb abgießen, mit dem Honig abschmecken, in saubere Flaschen füllen, auskühlen lassen und im Kühlschrank aufbewahren und zur Seite stellen. Das Gerstenwasser immer kühl servieren.

WEIZEN

Weizen ist die Nummer eins unter den Getreidesorten, da er sich wegen des hohen Kleberanteils ausgezeichnet zum Backen eignet und die leichte, lockere Beschaffenheit mit anderen Mehlsorten nicht zu erreichen ist.

In biblischen Tagen – bis die Römer begannen, Weizen in großem Stil anzubauen – war das weiße Mehl ein Luxusartikel. Da die Urweizensorten außerordentlich hart waren, hing damals oft ein Topf mit Weizen zum Weichen und langsamen Simmern neben dem Herdfeuer, und das milchige, dickliche Weizenwasser, das man für

Getreidebreie, Saucen usw. brauchte, wurde regelmäßig abgeschöpft und durch frisches Wasser ersetzt.

Grundrezept für etwa 4 Portionen

225 g Weizenkörner
1500–2000 ml Wasser oder Brühe
Salz

Den Weizen mit reichlich Wasser aufgegossen über Nacht, besser noch 1 Tag einweichen.

Dann salzen, zugedeckt zum Kochen bringen und 4–6 Stunden bei milder Hitze, bis die Körner weich sind, kochen. Falls notwendig, verkochtes Wasser ersetzen.

GERÖSTETER WEIZEN

Ein knuspriger, popcornartiger Snack.

225 g Amarant-Popcorn
2–4 El neutrales Öl
Salz

Eine Handvoll Amarant in etwas heißem Öl braten, bis die Körner platzen. Dabei immer wieder schütteln, damit die Körner gleichmäßig rösten und nicht aneinanderkleben. Herausnehmen und auf Küchenkrepp warm stellen, bis alles gebraten ist. Mit Salz bestreut servieren.

Wir benutzen hier aus praktischen Gründen Amarant, eine Getreidesorte, die erst in der Neuzeit aus Amerika zu uns kam und bei den Azteken weit verbreitet war. Die sehr mineral- und proteinhaltigen Samen des Gartenfuchsschwanzes (Amaranthus hypochondriacus) werden bei Vegetariern als Fleischersatz geschätzt.

BULGUR

Bulgur (grobkörnig) und Tabboule (feinkörnig) ist vorbehandelter, bereits gekochter, getrockneter und gekörnter Weizen, den man nur mit kochender Flüssigkeit aufgießen und ausquellen lassen muss, da er schnell weich wird.

Grundrezept für etwa 4 Portionen

225 g Bulgur
900 ml kochendes Wasser oder Brühe

Die kochende Flüssigkeit über den Bulgur gießen und zugedeckt 30 bis 40 Minuten – je nach Körnung – ziehen lassen, bis der Weizen weich und flockig ist, und eventuell noch abtropfen lassen.

BULGUR-PILAW

225 g Bulgur
1–3 Tl Gewürze (je nach Verwendung Kümmel, Thymian, Koriander, Knoblauch, Granatapfelkerne ...)
2 El Öl
600 ml Wasser oder Brühe
Salz
Petersilien- und Korianderblätter zum Garnieren

Den Bulgur mit den Gewürzen einige Minuten anbraten. Mit Wasser oder Brühe aufgießen, zugedeckt zum Kochen bringen und auf milder Hitze noch 10 Minuten sieden lassen. Dann den Pilaw auf der ausgeschalteten Kochstelle noch 15 Minuten ausquellen lassen, mit Salz abschmecken, mit einer Gabel vorsichtig auflockern und mit den Kräutern bestreuen.

DINKEL

Diese alte Weizenart mit feinem Nussgeschmack, die zunehmend wie-

der entdeckt wird, kocht schneller als Weizen und muss nicht eingeweicht werden. Unreif geernteter und über Buchenfeuer gedarrter Dinkel wird als Grünkern auf dem Markt angeboten.

Grundrezept für etwa 4 Portionen

225 g Dinkel
650–700 ml Wasser oder Brühe
Salz

Den Dinkel mit der Flüssigkeit aufgegossen zugedeckt zum Kochen bringen, salzen, etwa 90 Minuten bei milder Hitze ziehen lassen, bis das Wasser aufgesogen ist, und dann noch 10 Minuten ruhen lassen.

HIRSE

»Nimm dir aber Weizen, Gerste, Bohnen, Linsen, Hirse.« (Hesekiel 4,9)

Die aus Afrika stammende Hirse wurde in weiten Gebieten des Römischen Reiches angebaut, verlor aber ihre Bedeutung mit dem Auftauchen des Reis, der über Persien importiert wurde.

Wie Gerste eignet sich Hirse wegen des geringen Kleberanteils nicht zum Brotbacken.

Grundrezept für etwa 4 Portionen

175 g geschälte Hirse
450–600 ml kochendes Wasser oder Brühe
1 El Öl
Salz

Die Hirse unter kaltem Wasser abbrausen, in das kochende Wasser bzw. Brühe mit dem Öl geben und zugedeckt auf milder Hitze 20 Minuten sieden lassen.

Salzen und weitere 20 Minuten auf der ausgeschalteten Kochstelle ausquellen lassen.

Besser schmeckt die Hirse, wenn Sie sie wie folgt zubereiten:

Die Hirse in Öl unter Wenden leicht braun rösten. Dann die kochende Flüssigkeit zugießen und wie oben garen.

Wenn die Hirse bissfest sein soll, die geringere Flüssigkeitsmenge, für weiche Hirse die volle nehmen.

MAZZEKNÖDEL

2 Eiweiß
Salz
1 Tasse Mazzemehl
1 Tl Ingwer
1 El Gänseschmalz
2 Eigelb
4–5 El Geflügelbrühe
Salzwasser oder Geflügelbrühe

Das Eiweiß mit einer Prise Salz zu schnittfestem Schnee schlagen.

Das Mazzemehl mit einer Prise Salz, dem Ingwer, lauwarmem Schmalz, verquirltem Eigelb und der heißen Brühe zu einem glatten Teig rühren. Den Eischnee locker, aber gründlich unterheben und den Teig 1 Stunde in den Kühlschrank stellen.

Mit nassen Händen etwa walnussgroße Klößchen formen und zugedeckt 25 Minuten in Salzwasser oder Brühe sieden lassen.

HAST DU MICH NICHT WIE MILCH HINGEGOSSEN …

MILCH HALTBAR GEMACHT

»Hast du mich nicht wie Milch hingegossen und wie Käse gerinnen lassen?« (Hiob 10, 10)

Der Tag begann im alten Israel mit Brot und Käse, vielleicht auch Lauch oder Zwiebeln dazu und zum Schluss noch getrocknetes oder frisches Obst. Dazu wurde Wasser oder auch frisch gemolkene Milch getrunken.

In den Zeiten, als die Erfindung von Kühlschränken noch Sphärenmusik ferner Zukunft war, hatte man mit der Frischmilch sein Problem: Sie wurde binnen Stunden sauer.

Und schon in biblischen Tagen kannte jede Familie die Möglichkeit, aus der überschüssigen Milch ihrer Schafe, Ziegen und Kühe länger haltbaren Frischkäse zu machen.

Das Käsen oder Käsemachen ist – wie so viele uralte Techniken – weder kompliziert noch arbeitsaufwändig. Man braucht dazu allerdings etwas Organisationstalent – und Zeit, an der es unseren Urahnen nicht mangelte.

Beim Käsen wird das geronnene Milcheiweiß von der Molke getrennt, einer nahrhaften Flüssigkeit, die man zur Verfeinerung von Suppen oder Saucen verwenden sollte, oder auch pur und mit Kräutern oder Früchten gemixt gekühlt trinken kann.

FRISCHKÄSE

– Grundrezept, ergibt etwa 160 g Frischkäse –

1000 ml nicht entrahmte, frische, unpasteurisierte Vollmilch

Die Milch offen über Nacht in einer breiten Schüssel bei Raumtemperatur stehen lassen. Am nächsten Morgen ist sie zu Dick- oder Sauermilch geworden.

Ein großes Sieb mit einem sauberen, locker gewebten und ungefärbten Baumwoll- oder Leinentuch auslegen, über eine Schüssel hängen, und die Dickmilch hineingießen. Wenigstens 6–8 Stunden, besser über Nacht, gründlich abtropfen lassen.

Die vier Ecken des Tuches zusammennehmen und zusammendrehen, damit der Frischkäse gut auspresst wird. Diesen dann zu Kugeln oder Rollen ausformen.

Sollten Sie bei Ihrem Händler keine unpasteurisierte Frischmilch bekommen, können Sie stattdessen auch homogenisierte und pasteurisierte Milch nehmen. Man rührt 2 El Zitronensaft hinein und erwärmt sie bei schwacher Hitze, bis sie gerinnt. Dann den Frischkäse wie im Rezept zubereiten.

Den Frischkäse kann man pur essen oder nach den folgenden Rezepten verfeinern.

JOGHURT

Dieses ebenfalls uralte Nahrungsmittel ist inzwischen aus unserer heutigen Ernährung nicht mehr wegzudenken, und guten Joghurt kann man eigentlich überall problemlos bekommen.

Doch hausgemachter Joghurt ist eben hausgemachter Joghurt.

Zunächst braucht man Joghurtansatz, den es im Reformhaus gibt, oder ganz einfach gewöhnlichen, handelsüblichen Joghurt.

VOLLMILCHJOGHURT

Grundrezept

1000 ml nicht entrahmte, frische, unpasteurisierte Vollmilch
2 El Vollmilchjoghurt oder Vollmilchjoghurt-Ansatz

Die Milch einmal kurz aufkochen, damit unerwünschte Bakterien zerstört werden. Dann auf etwa 37–43° C abkühlen lassen (Temperatur mit dem Thermometer messen) und den Joghurt-Ansatz einrühren.

Die Mischung muss nun stetig auf gleicher Temperatur warm gehalten werden, damit sie andickt. Sie braucht etwa 8 Stunden, um sich in Joghurt zu verwandeln. Zum Warmhalten gibt es verschiedene Methoden:

Die abgedeckte Mischung:

1. in einem Topf mit warmem Wasser in den Backofen bei niedrigster Temperatur stellen,
2. neben einen Heizkörper stellen,
3. in eine vorgewärmte Thermosflasche gießen und verschließen.

Oder man kann seinen Joghurt natürlich auch in einem elektrischen Joghurtbereiter nach Anweisung herstellen.

Da nicht vorbehandelter Joghurt beim Heißwerden gerinnt, muss bei seiner Verwendung beim Kochen ein Trick angewendet werden.

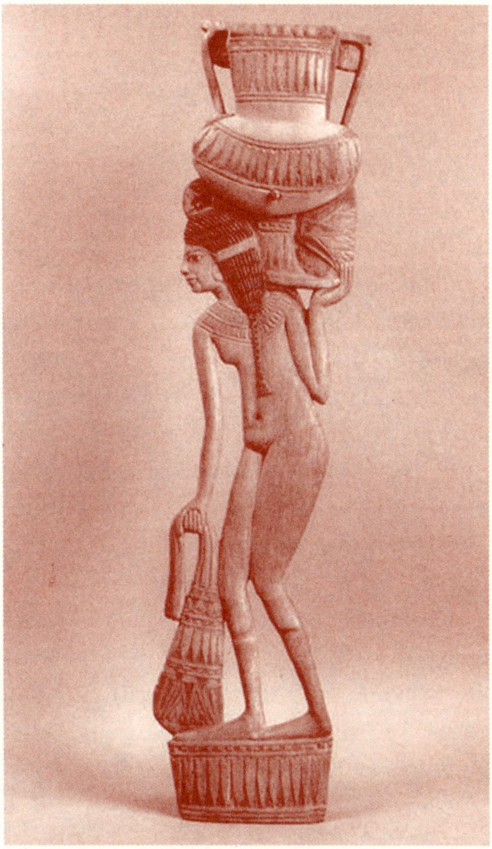

JOGHURT ZUM KOCHEN

1000 ml Vollmilchjoghurt
1 Eiweiß
1 Tl Salz

Alles bei geringer Wärme unter stetem Rühren mit dem Schneebesen in gleicher Richtung heiß werden lassen, bis der Joghurt fast kocht und dick wird. Auf der ausgeschalteten Kochstelle noch 5 Minuten ziehen und dann erkalten lassen. Der Joghurt gerinnt nun beim Mitkochen nicht mehr.

JOGHURTKÄSE

ergibt etwa 650 g Käse

1/2 Tl Meersalz
1000 ml Vollmilch- oder Sahnejoghurt

Das Salz im Joghurt unter Rühren auflösen. Ein großes Sieb mit einem sauberen, locker gewebten und ungefärbten Baumwoll- oder Leinentuch auslegen, über eine Schüssel hängen, den Joghurt hineingießen und mindestens 1, besser noch 2 Tage gründlich abtropfen lassen. Je länger er abtropft, desto fester wird er.

Die vier Ecken des Tuches zusammennehmen und zusammendrehen, damit der Joghurtkäse gut ausgepresst wird. Dann zu Kugeln oder Rollen ausformen.

KALTE KRÄUTER-JOGHURT-DICKMILCH

»... habe ich alles grüne Kraut zur Nahrung gegeben ...« (1. Mose 1,30)

5 oder mehr El frische, gemischte Kräuter (Korianderblätter, Petersilie, Minze, Dill, Fenchel, Schnittlauch, Rauke)
etwas sehr junges Senfgrün
600 ml frischer Vollmilchjoghurt
600 ml Buttermilch
Salz

Alle Kräuter und das Senfgrün fein wiegen, mit Joghurt und Buttermilch verrühren, eventuell salzen und zugedeckt mindestens 1 Stunde im Kühlschrank durchziehen lassen.

Wenn Sie die kalte Kräuter-Joghurt-Dickmilch zum Beispiel als Salatdressing oder als Dip verwenden möchten, lassen Sie die Buttermilch einfach weg.

Mit 1–2 mittelgroßen, fein geraspelten Gurken wird diese Dickmilch zu einer erfrischend-würzigen Sommersuppe.

JOGHURT-SESAM-SAUCE

500 ml Vollmilchjoghurt
100 g Tahini (Sesampaste, S. 136)

4 El gemischte, frische Kräuter (Dill, Koriander, Petersilie, Schnittlauch)
1–2 El Zitronensaft
Salz

Den Joghurt mit der Sesampaste gut verquirlen, die Kräuter gründlich unterheben, mit Zitronensaft und Salz abschmecken und zugedeckt gut 1 Stunde im Kühlschrank durchziehen lassen.

Eine interessante, wenn auch nicht gerade schlanke Sauce zu Gemüsen und Salaten.

JOGHURT-KÜMMEL-SAUCE

300 ml Vollmilchjoghurt
1 Tl Kümmel
Salz nach Geschmack

Der Geschmack dieser einfachen, pikanten Sauce wird noch verbessert, wenn der Kümmel geröstet und zerstoßen wird. Dazu den Kümmel in eine gußeiserne Pfanne streuen und erhitzen, bis er duftet. In einer kleinen Mühle mahlen, dem Joghurt zufügen und mit Salz würzen.

Schmeckt gut zu Gemüse und Fleisch.

WÜRZIGER KÖRNER-FRISCHKÄSE

»... geröstete Körner ... Honig, Butter, Kuh- und Schafskäse, um David und das Volk zu stärken ...« (2. Samuel 17, 28–29)

3 El geschälte Kürbiskerne
1 El helle Senfkörner
1/2 Tl schwarzer Kümmel
1–2 Tl Mohnsamen
250 g Schichtkäse, Frischkäse oder frischer Schafskäse
Zimt
Koriander
Nelkenpulver
Salz
2 El Honig

Die Kürbiskerne in einer unbeschichteten Pfanne unter stetem Rühren knusprig rösten. Senfkörner, Kümmel und Mohnsamen dazugeben, weiterrösten, bis die Senfkörner zu springen beginnen, und alles abkühlen lassen.

Die Masse mit dem Käse und den Gewürzen vermengen, nach Geschmack salzen, anrichten und mit Honig beträufeln.

Zu Vollkornbrot, Mazze, Pita, Challah oder auch Linsen-Pfannkuchen servieren.

Die für Ihr Empfinden richtige Mischung der einzelnen Körner und Gewürze ist Geschmackssache.

ZIMTKÄSE

»Nimm dir die beste Spezerei ... und Zimt, die Hälfte so viel, 250 [Lot] ...«
(2. Mose 30,23)

Das exotische Gewürz kam schon zu biblischen Zeiten nach Palästina, wo es nicht nur zur Herstellung von heiligem Salböl, sondern schnell auch als Gewürz beliebt war.

250 g frischer Joghurtkäse (S. 76) oder Quark
2 Tl gemahlener Zimt
Salz
1–2 Tl Honig

Den Käse gründlich mit Zimt, einer Prise Salz und dem Honig vermengen und in Frischhaltefolie wenigstens 1 Stunde im Kühlschrank durchziehen lassen.

Nach Geschmack können auch noch Nüsse, Mandeln, Rosinen und vielleicht auch mehr Honig zugegeben werden. Sollte der Käse zu fest werden, kann man ihn mit 1–2 El Traubensaft cremiger machen.

Schmeckt sehr gut auf Toastbrot.

OLIVEN-JOGHURT-ZIEGENKÄSE

50 g mittelalter bis alter, scharfer Ziegenkäse
30 ml Joghurt
2 El Olivenöl
entsteinte, schwarze Oliven
gehackte Pistazien
Petersilie
schwarzer Kümmel

Den zimmerwarmen Ziegenkäse mit dem Joghurt zu einer cremigen Paste verkneten, in eine flache Schüssel streichen und mit Olivenöl beträufeln.

Mit den gehackten Oliven, Pistazien, gehackter Petersilie und schwarzem Kümmel bestreuen.

Die Mengen der Zutaten können Sie nach Ihrem Geschmack variieren. Und mit etwas Milch oder Sahne kann der Käse weicher gemacht werden.

Schmeckt gut zu Sauerteig-Feigen-Brot (S. 61), und auch ein Salat passt gut dazu.

UR

Ur – eine uralte Mischung aus Kräutern, Butter und Käse – war schon bei den Babyloniern beliebt.

1 Frühlingszwiebel
1 Knoblauchzehe
250 g Frischkäse
125 g Butter
5 El frische, gehackte Kräuter (Petersilie, Minze, Dill, Koriander, Rauke, Thymian)
Salz

Die Frühlingszwiebel in sehr feine Scheiben schneiden, den Knoblauch grob hacken, mit etwas Salz bestreuen und mit dem Messerblatt zerdrücken.

Den Frischkäse mit der zimmerwarmen Butter kräftig aufquirlen, Zwiebel, Knoblauch und die Kräuter unterheben und mit Salz abschmecken. Mit einer Frischhaltefolie abdecken und über Nacht zum Durchziehen in den Kühlschrank stellen.

Die Kräuter sowie die einzelnen Mengen können Sie nach Ihrem persönlichen Geschmack variieren. Mit Mazze, geröstetem Vollkornbrot oder zu warmem Gemüse servieren.

RETTICHKÄSE

250 g Frischkäse oder frischer Quark
2 Tl frisch geriebener Meerrettich
Salz

Den zimmerwarmen Frischkäse mit dem Meerrettich (Menge nach Geschmack) verrühren, mit Salz abschmecken und zugedeckt mindestens 1 Stunde durchziehen lassen.

GEFÜLLTE WEINBLÄTTER

20 Weinblätter im eigenen Sud
100 ml Olivenöl
100 ml milder Weißweinessig

Füllung:
200 g milder Ziegenfrischkäse
200 g Joghurtkäse (S. 76)
schwarzer Kümmel

Sauce:
300 ml Joghurt
1 El fein gehackte Basilikumblätter
1 El fein gehackte Minze
1 zerdrückte Knoblauchzehe
Salz
weißer Pfeffer

Die Weinblätter im eigenen Sud etwa 10 Minuten lang dünsten, abgießen, gut abtropfen lassen und in eine breite Schüssel legen.

Das Olivenöl mit dem Essig zum Kochen bringen, über die Weinblätter gießen und diese 2–3 Stunden darin durchziehen lassen. Abgießen und gut abtropfen lassen.

Den Ziegenkäse mit dem Joghurtkäse vermengen und mit etwas Kümmel – nach Geschmack – würzen.

Die Weinblätter flach auf die Arbeitsfläche legen, jeweils 1–2 Tl vom Käse in die Mitte geben. Das Stielende des Blattes über den Käse klappen, die beiden Blattseiten einschlagen und zur Spitze hin einrollen. Die Weinblätter dicht nebeneinander in eine Schale legen.

Für die Sauce den Joghurt mit den Kräutern und der zerdrückten Knoblauchzehe verrühren. Mit Salz und Pfeffer abschmecken und die Sauce über die Weinblätter gießen.

Die Weinblätter können auch mit gekochter Hirse, Bulgur oder einer Bulgur-Käse-Mischung, pikant gewürzt und mit Kümmel, gefüllt werden.

MARINIERTER ZIEGENKÄSE

Um den Frischkäse noch länger haltbar zu machen, bedeckte man ihn schon in biblischen Tagen mit Öl und Gewürzen. So wurde er gleichzeitig auch noch fein aromatisiert.

500 g frischer Ziegenkäse
1–2 Knoblauchzehen
1–2 Lorbeerblätter
3–4 El gemischte Kräuter (Koriander, Kümmel, Thymian, Dill, Fenchelgrün)
schwarzer Pfeffer
Selleriesalz
Olivenöl zum Aufgießen

Den Ziegenkäse in Würfel schneiden oder zu kleinen Kugeln formen und in ein passendes Glas schichten. Dabei die ungepellten, eingeschnittenen Knoblauchzehen, den Lorbeer und die Kräuter dazwischen verteilen. Pfeffern, salzen und mit dem Öl bedecken.

Ist der Käse völlig mit Olivenöl bedeckt, das Glas verschließen und an einem kühlen Ort (wenn im Kühlschrank, nur im Gemüsefach!) mindestens 1, besser mehrere Tage marinieren lassen.

KNOBLAUCH-KRÄUTER-FRISCHKÄSE

4 Knoblauchzehen (nach Geschmack auch mehr)
2 El Olivenöl
2–3 El frische, gehackte Kräuter (Petersilie, Thymian, Dill)
250 g Frischkäse
Salz
weißer Pfeffer

Die ungeschälten Knoblauchzehen in 1 El Olivenöl goldgelb schwenken, abkühlen lassen, schälen und fein zerdrücken. Mit den Kräutern und dem restlichen Olivenöl mischen. Die Masse kräftig unter den Käse rühren, mit Salz und Pfeffer abschmecken. Den Käse mit Frischhaltefolie abgedeckt mindestens 2–3 Stunden im Kühlschrank durchziehen lassen und dann daraus Kugeln oder Röllchen formen und anrichten.

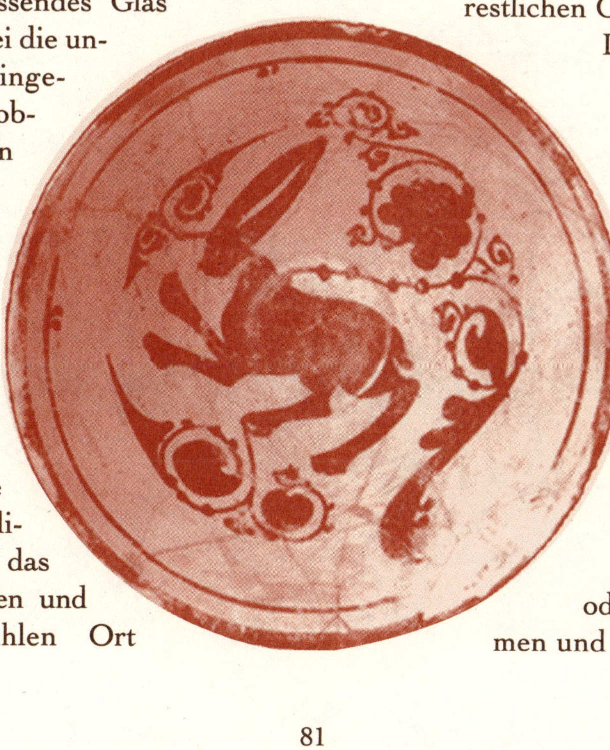

HONIG-ZWIEBEL-BROT

Die übliche, ausnehmend bescheidene Pausenmahlzeit der Sklaven, die wir mit immer länger werdenden Zähnen probiert haben, bestand aus Brot und Zwiebeln. Deshalb haben wir uns erlaubt, daraus eine etwas angereichertere, unseren doch recht verwöhnten Gaumen adäquatere Variante der Urkombination zu entwickeln, die Sie 1 Tag vorher zubereiten sollten.

2 große weiße Zwiebeln
300 ml Wasser
3–4 El Honig
300 g Frischkäse (auch mit Kräutern)
1–2 Tl mittelscharfer Senf
4 Scheiben Weizenvollkornbrot
1 Bund gehackte Petersilie

Am Vortag die Zwiebeln häuten und in dünne Scheiben schneiden. Wasser und Honig zum Kochen bringen, über die Zwiebeln gießen, auskühlen lassen und in den Kühlschrank stellen.

Am nächsten Tag die Zwiebeln gut abtropfen lassen, den Frischkäse mit dem Senf verrühren und das Brot damit bestreichen. Mit Zwiebeln belegen und mit gehackter Petersilie bestreuen.

AUS DEM BIBLISCHEN SUPPENTOPF

EINTOPFGERICHTE UND SUPPEN

»... ging einer auf das Feld hinaus, um Kräuter zu lesen, und er fand eine wilde Rebe und las davon wilde Koloquinthen, sein Kleid voll, und er kam und zerschnitt sie in den Kochtopf ...« (2. Könige 4,39)

Abends, wenn es kühler wurde, saß man nach getaner Arbeit auf Strohmatten rund um eine ausgebreitete Decke aus Stroh oder Leder, so wie es heute noch in Arabien üblich ist oder wie wir es beim Picknick machen – und in der Mitte dampfte und duftete eine eintopfartige, dicke Suppe aus Korn und Gemüse, die mit frisch gesammelten Kräutern verfeinert war. Die »löffelte« man mit einem Stück vom frisch gebackenen Fladen direkt aus dem Kochtopf.

GERSTEN-BOHNEN-SUPPE

1 Zwiebel
1 Stange Lauch
2 Knoblauchzehen
1 El Olivenöl
125 g Nacktgerste
3 El Wachtelbohnen
2000 ml Wasser
Salz
2–3 El fein gehackte Kräuter (Dill, Minze, Petersilie)
frisch gemahlener Pfeffer
4 El saure Sahne

Die Zwiebel und den Lauch putzen und klein schneiden. Den Knoblauch häuten und zerdrücken. Im Öl unter Rühren braten, bis die Zwiebel glasig wird.

Die kalt abgespülte Gerste und die Bohnen dazugeben, unter Rühren etwas anrösten und mit dem Wasser ablöschen, salzen, aufkochen lassen und dann zugedeckt auf milder Hitze 90 Minuten garen. Währenddessen hin und wieder, damit die Gerste nicht zusammenklebt, eventuell noch Wasser nachfüllen.

Die Kräuter locker unterheben, mit Pfeffer abschmecken und anrichten. Einen Löffel saure Sahne auf jeden Teller geben und ggf. noch mit Petersilie bestreuen.

GERSTEN-LINSEN-EINTOPF

Schon im alten Palästina wusste man bzw. frau, was die moderne Ernährungswissenschaft bestätigt: Getreide und Hülsenfrüchte sind ausgezeichnete Eiweiß-, Vitamin- und Ballaststofflieferanten. Mit diesem Wissen schmeckt der folgende Eintopf gleich noch besser.

1 Zwiebel
125 g Sellerie
125 g Karotten
4 El Butter
1500 ml Wasser oder Brühe
250 g Linsen
125 g Gerste
1 Zweig Rosmarin
Salz
2 Tl gemahlener Kümmel
225 g Spinat oder Mangold

Die Zwiebel, den Sellerie und die Karotten putzen, in kleine Würfel schneiden und in der Butter anbraten, bis sie Farbe nehmen, mit etwas Wasser ablöschen und völlig einkochen lassen. Das Ablöschen noch ein- oder zweimal wiederholen. Das macht den Eintopf aromatischer.

Das restliche Wasser angießen. Die Linsen und Gerste einrühren. Rosmarin, Salz und Kümmel zugeben. Aufkochen lassen, ggf. abschäumen, und den Eintopf zugedeckt auf milder Hitze 45–50 Minuten kochen, bis Linsen und Gerste fast weich sind.

Inzwischen den Spinat bzw. Mangold waschen, putzen und in breitnudelige Streifen schneiden. Unter den Eintopf heben und noch 10 Minuten mitkochen lassen. Den Eintopf abschmecken und anrichten.

KRÄUTER-GERSTEN-SUPPE

Siedend heiß serviert, war diese Suppe auch ein beliebtes Hausmittel bei Magenverstimmung, Fieber und sogar bei Kater.

125 g Gerste
1500 ml Gemüsebrühe
4–6 El gemischte frische oder 2 El getrocknete Kräuter (Thymian, Petersilie, Sellerieblätter, Koriander, Bohnenkraut, Kerbel, Minze)
1 Zwiebel
1 kleine Stange Bleichsellerie
2 El neutrales Öl
Salz
weißer Pfeffer
gemischte frische Kräuter zum Garnieren

Die Gerste kalt abbrausen, mit der Brühe und den Kräutern einmal zum Kochen bringen, abschäumen, dann zugedeckt bei milder Hitze etwa 3 Stunden sanft sieden lassen. Währenddessen mehrfach auflockern und, falls erforderlich, Wasser nachgießen.

Die Zwiebel und den Sellerie putzen, in kleine Würfel schneiden, im Öl goldfarben bräunen und in die Suppe rühren. Mit Salz und Pfeffer abschmecken, anrichten und mit frischen Kräutern bestreuen.

GERSTEN-CREMESUPPE

»Es war aber um die Zeit, da die Gerstenernte anging, als Naëmi mit ihrer Schwiegertochter Ruth zurückkam ...« (Ruth 1,22), und Ruth sammelte nach altem Armenrecht die Ähren, die die Schnitter liegen gelassen hatten, um daraus diese Suppe zu kochen.

175 g Gerste
1500 ml Gemüse- oder Hühnerbrühe
50 g Selleriegrün
150 g Doppelrahm-Frischkäse
Salz
weißer Pfeffer
Petersilie
Korianderblätter

Die Gerste warm abbrausen, mit 1000 ml Brühe aufgießen, das Selleriegrün dazugeben, einmal aufkochen, abschäumen, zugedeckt auf milder Hitze etwa 2 1/2 Stunden kochen lassen.

Die weich gekochte Gerste mit einer Gabel von Hand – nicht mit Mixer oder Pürierstab, da die Gerste sonst schnell klebrig wird – und mit der restlichen Brühe verrühren. Den Frischkäse einrühren und die Suppe noch einmal aufkochen. Mit Salz und Pfeffer abschmecken, anrichten und mit Petersilie und Korianderblättern bestreuen.

LINSEN-BOHNEN-EINTOPF MIT LAMM

200 g weiße Bohnen
200 g Linsen
600 g Lammfleisch
2 Zwiebeln
2 El Olivenöl
1/2 Tl Kurkuma
2 Knoblauchzehen
100 ml Wasser
Salz
2 El Zitronensaft
schwarzer Pfeffer

Die Bohnen in kochendes Wasser schütten, 5 Minuten sprudelnd kochen lassen und abgießen. Linsen waschen und gut abtropfen lassen. Das Lammfleisch säubern und in mundgerechte Würfel schneiden.

Die Zwiebeln häuten, in Scheiben schneiden, im Olivenöl glasig braten und mit Kurkuma bestreuen. Fleisch dazugeben, anbraten, die zerdrückten Knoblauchzehen, die Linsen und Bohnen dazugeben. Mit dem Wasser aufgießen und salzen.

Die Suppe einmal aufkochen, abschäumen und dann zugedeckt auf milder Hitze 2 Stunden garen lassen. Eventuell zwischendurch etwas Wasser nachgießen.

Den fertigen Eintopf mit Zitronensaft und frisch gemahlenem Pfeffer abschmecken.

ÄGYPTISCHER BOHNENTOPF

350 g weiße Bohnen
2 weiße Zwiebeln
3–4 Knoblauchzehen
250 g Blattspinat
2 El Olivenöl
1 El Koriander
1250 ml Wasser
1 Bund Dill
2 Tl Kümmel
Salz
1–2 Zweige Minze

Die Bohnen über Nacht in Wasser einweichen. Die Zwiebeln häuten, eine in kleine Würfel, die andere in Scheiben schneiden. Den Knoblauch häuten, grob hacken, mit etwas Salz bestreuen und mit dem Messerblatt zu Mus zerdrücken. Den Spinat waschen und putzen.

Die Zwiebelwürfel und die Hälfte des Knoblauchs im Öl glasig schwitzen. Die Bohnen einrühren und kurz anbraten. Den Spinat und Koriander dazugeben, das Wasser angießen, aufkochen lassen und zugedeckt auf milder Hitze 90 Minuten gar ziehen lassen.

Die Zwiebelscheiben mit dem restlichen Knoblauch in etwas Öl goldfarben braten. Den Dill grob hacken. Den Kümmel zerstoßen. Alles etwa 5 Minuten vor Ende der Garzeit in die Suppe geben und mit Salz abschmecken.

Die Minze abzupfen, grob hacken und beim Anrichten über den Eintopf streuen.

KALTE JOGHURT-ROSINENSUPPE

175 g Rosinen
400 ml kaltes Wasser
450 g Salatgurke
2–3 Frühlingszwiebeln
2 hart gekochte Eier
500 ml Sahnejoghurt
100 ml Milch
2 El gehackte Petersilie
2 El gehackter Dill
1 El Essig
Salz
125 g Mandelblättchen
1–2 Zweige Minze

Die Rosinen kalt abbrausen, dann mit Wasser aufgießen und einweichen lassen.

Die Gurken schälen, längs halbieren, entkernen und in kleine Würfel schneiden. Die Zwiebel putzen und in sehr dünne Scheiben schneiden. Die Eier pellen und fein hacken.

Alles zu den Rosinen geben. Den Joghurt und die Milch einrühren. Die Kräuter zugeben und mit Essig sowie Salz abschmecken. Zudecken und wenigstens 2 Stunden, besser noch über Nacht im Kühlschrank durchziehen lassen.

Die Mandelblättchen in einer unbeschichteten Pfanne goldbraun rösten. Die Suppe noch einmal abschmecken, anrichten und mit den Mandelblättchen und Minze garnieren.

Dazu reichen Sie Mazze, Frühlingszwiebeln, Oliven und vielleicht auch einen Orangen-Rote-Zwiebel-Salat. Diese Suppe ist übrigens püriert auch ein erfrischender leichter Sommerdrink.

PERSISCHE JOGHURT-SUPPE MIT FLEISCHKLÖSSCHEN

Königin Ester befolgte den Überlieferungen zufolge die Speisevorschriften so strikt, dass sie sich nur vegetarisch mit Getreide und Gemüse ernährte. Als sie aber ein opulentes Festgelage für König Ahasveros gab, um ihn zu bitten, ihr Volk zu verschonen, ließ sie auch persische Gerichte, wie diese exquisite Suppe, auftragen.

Suppe:
450 ml Sahnejoghurt
25 g gekochte Hirse
1 Ei
1 El Weizen- oder Dinkelvollkornmehl
Salz, weißer Pfeffer
1 El Dill
450 ml Wasser
2–3 El gehackte Petersilie
50 g gekochte Kichererbsen
50 g fein gehackter Schnittlauch

Klößchen:
1 kleine Zwiebel
1 Tl Butter(schmalz)
225 g Hackfleisch (Rind oder Lamm)
Salz, Pfeffer

Knoblauch-Minze-Butter:
2 Knoblauchzehen
Salz
125 g Butter
2 El frische Minze

Den Joghurt mit der Hirse, dem Ei, Mehl, Salz, Pfeffer und Dill verrühren. Das Wasser zugeben und bei milder Hitze (die Suppe darf keinesfalls zu heiß werden, weil der Joghurt sonst ausflockt!) 30 Minuten ziehen lassen. Dabei hin und wieder umrühren.

Die Zwiebel häuten, fein hacken und in der Butter glasig dünsten. Das Hackfleisch mit den Zwiebeln vermengen, mit Salz und Pfeffer abschmecken und etwas ruhen lassen. Dann mit nassen Händen kleine Klößchen formen.

Sobald die Suppe beginnt anzudicken, die Petersilie, die Kichererbsen, den Schnittlauch und die Fleischbällchen hineingeben. Zugedeckt noch etwa 30 Minuten auf milder Hitze ziehen lassen und dabei hin und wieder umrühren.

Die Knoblauchzehen häuten, fein hacken, mit etwas Salz bestreuen und mit dem Messerblatt zerdrücken.

Die Butter zerlassen und den Knoblauch darin kurz anbraten. Die gehackte Minze zugeben und gut unterrühren.

Die Suppe anrichten und auf jeden Teller 1 Löffel Knoblauchbutter geben.

Mit Vollkornbrot und Haroseth servieren.

KICHERERBSEN-JOGHURT-SUPPE MIT KRÄUTERN

Rüben, Senf, Rettich und auch der aus Mesopotamien stammende Spinat waren die alltäglichen Gemüsesorten der Patriarchen.

Für das nachfolgende Rezept haben wir gewürztes Kichererbsenmehl verwendet, das Sie als Falafel-Mix in Reformhäusern und Delikatessgeschäften bekommen oder nach unseren Rezept (S. 47) selbst zubereiten können.

750 ml Wasser
175 g Falafel-Mix
500 ml Sahnejoghurt
250 g Blattspinat
schwarzer Pfeffer
1 El Zitronensaft
2 El Sesamöl
1/2 Tl Kümmel

Den Falafel-Mix mit 150 ml Wasser anrühren. Das restliche Wasser mit dem Joghurt zu einer schaumigen Creme verquirlen, langsam unter die Falafelmasse rühren und bei milder bis mittlerer Hitze unter Rühren heiß (darf keinesfalls kochen) werden lassen.

Den Spinat waschen, putzen, gegebenenfalls grob hacken, abtropfen lassen und in die Suppe rühren. Mit Pfeffer und Zitronensaft abschmecken und zugedeckt bei milder Hitze etwa 30 Minuten weitergaren.

Dabei häufig umrühren und, falls notwendig, noch Wasser nachgießen. Die Suppe soll aber dickflüssig werden.

Das Öl heiß werden lassen und den Kümmel darin rösten, bis er duftet, dann in die angerichtete Suppe geben.

Die Suppe heiß über gekochte Graupen oder Hirse geben oder auch als kalte Suppe servieren.

ALTRÖMISCHE BROKKOLI-ZIEGENKÄSE-SUPPE

»… du hast Ziegenmilch genug zu deiner Speise, zur Speise deines Hauses und zur Nahrung deiner Mägde.« (Sprüche Salomos 27,27)

2 Köpfe Brokkoli
1000 ml Gemüsebrühe
125–150 g frischer Ziegenkäse
Salz
Pfeffer
milder Weißweinessig
gestoßener schwarzer Kümmel
1–2 Frühlingszwiebeln
Petersilien- oder Korianderblättchen zum Garnieren

Den Brokkoli putzen, in Röschen teilen und etwa 10 Minuten in der Brühe kochen. Von der Kochstelle nehmen, Ziegenkäse zugeben und alles mit dem Pürierstab durcharbeiten. Wie fein die Suppe sein soll, ist Geschmackssache, ich bevorzuge sie ruhig etwas rustikal-bissfester. Wichtig ist nur: Der Ziegenkäse muss sich ganz aufgelöst haben – also cremig-flüssig sein.

Die Suppe mit Salz, frisch gemahlenem Pfeffer, einem Spritzer Essig und dem Kümmel abschmecken, anrichten und mit fein gehackten Frühlingszwiebeln sowie Petersilien- oder Korianderblättchen garnieren.

Mit Knoblauchbrot oder Pita und einem Salat (z. B. Orangen-Rote-Zwiebel) servieren.

DREI-HÜLSENFRÜCHTE-SUPPE

125 g Dicke oder Saubohnen
50 g Kichererbsen
1 große weiße Zwiebel
1 Knoblauchzehe
2 Stängel Bleichsellerie mit Blättern
1 Karotte
2 El Olivenöl
1 Bund glatte Petersilie
1/2 Tl Kümmel
1/2 Tl Koriander
1 Lorbeerblatt
1/2 Tl Thymian
1500 ml Gemüsebrühe
50 g Linsen
50 g Perlgraupen
Salz
Pfeffer

Die Bohnen mit Wasser übergossen 2 Tage, die Kichererbsen, ebenfalls mit Wasser übergossen, 1 Tag einweichen lassen.

Die Zwiebeln, den Knoblauch, den Sellerie und die Karotte putzen, in kleine Würfel schneiden und im Olivenöl anbraten, bis die Zwiebeln beginnen, Farbe anzunehmen. Zwei- oder besser sogar dreimal mit Wasser ablöschen und wieder völlig einkochen lassen, so wird der Fond aromatischer. Die Petersilie (etwas zum Garnieren zurückbehalten) fein wiegen, mit Kümmel, Koriander, dem Lorbeerblatt und Thymian hinzufügen und einige Minuten unter Rühren schmoren.

Die abgegossenen Bohnen, die Kichererbsen und die Brühe dazugeben, aufkochen und zugedeckt 45 Minuten bei mittlerer Hitze kochen lassen.

Die Linsen und Perlgraupen einrühren und weitere 45 Minuten kochen. Den fertigen Eintopf herzhaft abschmecken, anrichten und mit Petersilie bestreuen.

Schmeckt nicht nur heiß, sondern auch kalt und eignet sich ausgezeichnet zum Einfrieren.

TRADITIONELLER SABBAT-EINTOPF

»Gedenke des Sabbattages, dass du ihn heiligest. Sechs Tage sollst du arbeiten und alle deine Werke tun. Aber am siebenten Tage ist der Sabbat des Herrn, deines Gottes. Da sollst du keine Arbeit tun, auch nicht dein Sohn, deine Tochter, dein Knecht, deine Magd, dein Vieh, auch nicht dein Fremdling; der in deiner Stadt lebt.«
(2. Mose 20,8–10)

Das vierte Gebot verbietet am Sabbat jegliche Arbeit, also auch das Kochen und die Hausarbeit. Bevor am Vorabend des Sabbats die Sonne unterging, wurden Töpfe in die Asche des Feuers gestellt, und so entstand über Nacht ein herzhaftes Eintopfgericht für den Ruhetag. Berichte über diese Art zu kochen reichen bis in die Zeit des Zweiten Tempels, also bis in die Zeit Jesu, zurück.

Reicht für mindestens 8–10 Portionen. Aber ein Eintopf muss, damit er wirklich schmeckt, einfach in größeren Mengen gekocht werden. Was übrig bleibt, können Sie problemlos einfrieren.

450 g getrocknete Sau-, Dicke oder weiße Bohnen
3 Zwiebeln
2 Knoblauchzehen
3 El Olivenöl
1500 g Lammfleisch (Brust, Schulter, Keule)
2 Tl zerstoßener Kümmel
2 Tl gemahlener Koriander
Salz
225 g Gerstengrütze
2 El Weizen- oder Dinkelvollkornmehl
1 Tl Kapern
1 El gehackte Oliven
2–3 El Rosinen
1800 ml Wasser

Die Bohnen mit reichlich Wasser übergossen 1–2 Tage – je nach Sorte – einweichen lassen.

Die Zwiebeln und den Knoblauch pellen, fein hacken und im Öl unter ständigem Rühren braten, bis sie beginnen, Farbe zu nehmen.

Das Fleisch säubern, in mundgerechte Stücke teilen, dazugeben und rundherum anbraten. Kümmel, Koriander und Salz darüberstreuen und braten, bis die Zwiebeln goldbraun sind.

Grütze, Mehl, Kapern, Oliven und Rosinen einrühren und mit so viel kochendem Wasser aufgießen, dass alles bedeckt ist.

Mit Alufolie verschließen, den Deckel auflegen und 24 Stunden im

Backofen (E: 120 °C, Gas: 1/2) oder (E: 175 °C, Gas: 2) 4–5 Stunden schmoren lassen.

ESAUS LINSENGERICHT

Esaus Linsengericht ist wohl das berühmteste und zugleich sicher auch berüchtigste Gericht der Geschichte, und in den biblischen Ländern werden unzählige Rote-Linsen-Eintöpfe als das einzig wahre und originale Linsengericht Esaus, um das sich die Legenden ranken, aufgetischt.

Wahr ist: Das Originalrezept gibt es nicht! Bleibt uns nur, detektivisch in der Literatur der Zeit zu forschen und eine kräftige Prise Intuition, um diese biblische Delikatesse, für die Esau, Opfer einer Intrige seines Bruders Jakob und seiner Mutter Rebekka, sein Erstgeburtsrecht genüsslich löffelnd verspachtelte, so echt wie möglich zu schmecken …
(1. Mose 25,29)

2 Zwiebeln
2 Knoblauchzehen
2 Karotten
ca. 1/4 Sellerieknolle
2 El Olivenöl
1/2 Tl gemahlener schwarzer Kümmel
1/2 Tl gemahlener Koriander
250 g rote Linsen
900 ml kräftige Rinderbrühe
Salz
schwarzer Pfeffer
Rotweinessig
Petersilien- und Korianderblättchen zum Bestreuen

Die Zwiebeln und den Knoblauch häuten und beides fein hacken. Die Karotten und den Sellerie putzen und ebenfalls in feine Würfelchen schneiden. Alles, bis auf den Knoblauch, im Olivenöl mit Kümmel und Koriander unter Rühren anbraten, bis die Zwiebeln glasig sind. Zwei- oder besser sogar dreimal mit etwas Wasser ablöschen und wieder völlig einkochen lassen, so wird der Fond aromatischer.

Den Knoblauch, die Linsen und die Brühe zugeben, gut unterrühren und langsam zum Kochen bringen. Dann zugedeckt auf mittlerer Hitze 25–30 Minuten kochen, bis die Linsen weich sind. Dabei einige Male durchrühren. Mit Salz, Pfeffer und einem Schuss Rotweinessig pikant abschmecken, anrichten und mit Petersilie oder Koriander bestreuen.

Eine beliebte Variante: Nach etwa 20 Minuten werden 150–200 g geputzter, breitnudelig geschnittener Blattspinat, Mangold oder Sauerampfer eingerührt und mitgekocht.

GEMÜSE-GETREIDE-SUPPE

Als Daniel in babylonischer Gefangenschaft am Hof des Königs Nebukadnezar lebte, bat er um vegetarische Kost, um so die reichhaltigen Mahlzeiten mit nicht koscherem Fleisch umgehen zu können. Doch der königliche Kämmerer, der für die Gesundheit und das Wohlergehen von Daniel und seinen jüdischen Freunden verantwortlich war, wollte ihnen eine so spartanische Ernährung nicht zugestehen. Schließlich ließ er sich auf ein zehntägiges Experiment ein: Die jungen Männer bekamen nur Gemüse zu essen …

»Und nach den zehn Tagen sahen sie schöner und kräftiger aus als alle jungen Leute, die von des Königs Speise aßen.« (Daniel 1, 8–15)

6–8 Portionen

4 Zwiebeln
1–2 Knoblauchzehen
4 Karotten
2 Pastinaken oder Petersilienwurzeln
2 Stangen Bleichsellerie
2 El Olivenöl
2000 ml Gemüsebrühe
200 g Hirse oder Bulgur
Salz
200 g Blattspinat
200 g vorgekochte Kichererbsen (eventuell aus dem Glas)
gehackte Petersilie oder Koriander zum Bestreuen

Zwiebeln und Knoblauchzehen häuten und fein hacken. Die Karotten und Pastinaken oder Petersilienwurzeln putzen und zusammen mit dem Bleichsellerie ebenfalls in kleine Würfel schneiden. Das Gemüse unter Rühren im Öl braten, bis die Zwiebeln goldbraun sind. Zwei- oder besser sogar dreimal mit etwas Wasser ablöschen und wieder völlig einkochen lassen, so wird der Fond aromatischer.

Mit der Brühe aufgießen, die Hirse oder den Bulgur einrühren, salzen, einmal aufkochen und zugedeckt bei milder Hitze 60–75 Minuten sieden lassen, bis das Korn weich ist. Währenddessen einige Male durchrühren.

Den Spinat waschen, putzen, grob zerkleinern, mit den Kichererbsen einrühren und alles noch weitere 10 Minuten gar ziehen lassen.

Die Suppe anrichten und mit reichlich Petersilie oder Korianderblättern bestreuen.

SUPPE DER SIEBEN LEIDEN

Das Festmahl der Sieben Leiden, eine altchristliche Tradition, wurde am sechsten Freitag der Fastenzeit gehalten. Die sieben bitteren Kräuter dieser Suppe symbolisieren die sieben Leiden Marias, der Mutter Jesu.

2 große Zwiebeln
2 Knoblauchzehen
1 großer Chicorée
1 Bund Petersilie
1 Bund Rettichgrün
200 g Sauerampfer
1/2 Bund Senfkraut
1 Bund Rübenstängel
1 Bund Koriandergrün
50 ml Olivenöl
40 g Weizenvollkornmehl
1000–1500 ml Wasser
Salz
milder Weinessig nach Geschmack

Die Zwiebeln und den Knoblauch häuten, den Chicorée putzen und alles fein hacken. Die Kräuter kurz kalt abbrausen, abtrocknen und grob hacken.

Das Öl heiß werden lassen, das Mehl darübersieben und bei milder Hitze unter Rühren dunkelbraun werden lassen. Zwiebeln und Knoblauch zugeben und unter ständigem Rühren weich schmoren.

Die Kräuter zugeben und mit so viel Wasser aufgießen, dass sie gut bedeckt sind. Salzen, einmal aufkochen und zugedeckt auf mittlerer Hitze etwa 30 Minuten kochen. Nach Geschmack nachsalzen und mit Essig abschmecken.

Anstelle der genannten Kräuter können auch Rote-Bete-Grün, Mangold, Karottenkraut und andere, je nach Marktangebot, verwendet und die Suppe mit Knoblauchcroûtons verfeinert werden.

Obwohl es traditionell eine rein vegetarische Suppe ist, kann sie auch mit Schinkenknochen, Rind- oder Geflügelfleisch und/oder den entsprechenden Brühen variiert werden.

SABBAT-LINSENSUPPE

8 Portionen

2 Tassen Linsen
3 große Zwiebeln
1 Knoblauchzehe
1–2 El Öl
1 El Honig
je 1 El Kreuzkümmel, Salz und Koriander
1/2 Tasse Gerste
Wasser oder Gemüsebrühe

Die Linsen mit reichlich Wasser bedeckt über Nacht einweichen lassen.

Die Linsen abgießen und gut abtropfen lassen. Die Zwiebeln und den Knoblauch häuten, in kleine Würfel schneiden und im Öl unter Rühren anbraten, bis sie glasig sind. Den Honig einrühren, weiterbraten, bis die Zwiebeln goldbraun werden, und von der Kochstelle nehmen.

Die Zwiebelmischung und die Linsen schichtweise in einen hohen, ofenfesten Topf oder eine Auflaufform füllen, jede Schicht mit der Gewürzmischung bestreuen und die Gerste obenauf geben.

Mit so viel Wasser bzw. Brühe aufgießen, dass alles gut 5–7 cm bedeckt ist. Dann alles langsam zum Kochen bringen, abschäumen und von der Kochstelle nehmen. Den Topf mit Alufolie verschließen, den Deckel fest auflegen und

- auf klassische Art 24 Stunden im Backofen (E: 120 °C, Gas: 1/2) oder
- auf moderne Art (E: 175 °C, Gas: 2) 4–5 Stunden garen.

Sollte die Suppe zu trocken werden, eventuell hin und wieder etwas heißes Wasser nachgießen.

Durch das lange Kochen wird der Geschmack enorm gesteigert. Die Suppe nicht löffeln, sondern mit frischem Fladenbrot aufstippen.

STOCKFISCH-GEMÜSE-SUPPE

Der gesalzene und getrocknete Fisch, der bis heute rund ums Mittelmeer beliebt und zu einer teuren Delikatesse geworden ist, war in der Antike eines der preiswerten Hauptnahrungsmittel.

250 g Stockfisch
heißes Wasser zum Entsalzen
200 g weiße Rüben
200 g Weißkohl
125 g Karotten
200 g grüne Erbsen
200 g Zwiebeln
2 Knoblauchzehen
2 El Olivenöl
2 El gemischte, getrocknete Kräuter (Thymian, Senfkörner, Minze, Pfeffer, Kümmel, Koriander, Lorbeerblätter)
125 g Bulgur
ca. 1500 ml Gemüse- oder Fischbrühe

Den Fisch mit dem heißen Wasser übergießen, etwa 15 Minuten ziehen lassen und dann abgießen. Das Ganze drei- bis viermal wiederholen, damit das Salz herausgezogen und der Fisch weich wird. Den Fisch unter kaltem Wasser gut abspülen, abtrocknen, in mundgerechte Stücke schneiden und die Gräten dabei sauber entfernen.

Die Rüben, den Weißkohl und die Karotten waschen, putzen und in Scheiben bzw. Streifen schneiden. Die Erbsen putzen.

Die Zwiebeln und den Knoblauch häuten, in kleine Würfel schneiden und mit dem Fisch im Olivenöl unter ständigem Rühren anbraten. Die Kräuter darübersteuen und kurz mitbraten.

Die Gemüse dazugeben und einige Minuten unter Wenden anschmoren. Bulgur und die Brühe einrühren, einmal aufkochen, abschäumen und zugedeckt auf milder Hitze 20–25 Minuten leicht sieden lassen, sodass das Gemüse gar ist, aber noch Biss hat.

HIERMIT ÜBERGEBE ICH EUCH ALLE PFLANZEN …

SALATE UND GEMÜSEGERICHTE

»… auf der ganzen Erde, die Samen tragen, und alle Bäume mit samenhaltigen Früchten. Euch sollen sie zur Nahrung dienen.« (1. Mose 1,29)

Da bei Ausgrabungen in den archäologischen Erdschichten Gemüsereste oder Samen nur selten zu finden sind, ist die Bibel die wichtigste Quelle, wenn wir erfahren wollen, welche Gemüsesorten, Kräuter und Gewürze von unseren Urvätern und -müttern gegessen wurden.

Zu den ältesten kultivierten Gemüsesorten gehören Zwiebeln und Lauch, denen man schon vor Jahrtausenden auch große Heilkräfte zuschrieb.

Während der ägyptischen Gefangenschaft ernährten sich die Israeliten hauptsächlich von

Brot, Zwiebeln, Lauch, Knoblauch und Gerstenbier, mit dem sie sich für die körperlich harte Arbeit stärkten und gesund blieben.

Wer kennt sie nicht, die Geschichte vom hungrigen Esau, der für einen Teller voller Linsen sein Erstgeburtsrecht verkaufte?

Getrocknete Hülsenfrüchte – Saubohnen, Kichererbsen, Erbsen und Linsen –, die besonders gut als Vorrat geeignet sind, waren fester Bestandteil jeder Speisekammer. Man verspeiste sie geröstet als »Snack« für zwischendurch, bereitete sie als Suppen und Eintöpfe zu, als Salat und sogar als Brotaufstrich.

Kohl, Spinat, Rüben, Rettich und Sellerie sowie Wildgemüse waren die bekannten Gemüse, dic Evas Enkelinnen zubereiteten.

Sie wurden mit Wild- und Gartenkräutern wie Minze, Senf, Dill, Kümmel, Thymian, Rosmarin oder Salbei gewürzt, und Gewürze wie Kümmel, Kreuzkümmel, Kardamom oder Koriander machten das Essen abwechslungsreicher.

Ein Problem ganz besonderer Art tauchte auch immer wieder bei der Übersetzung von Worten auf, da sich das Aramäisch und Hebräisch des Alten Testaments im Wortsinn und im Schriftbild natürlich im Lauf der Zeiten – wie bei uns vom Platt- über Mittelhochdeutsch zum heute gebräuchlichen Hochdeutsch – verändert haben. Raten Sie mal, was *Zwiffl* ist oder *Arbaiß*? So hießen Mittelhochdeutsch – vor nur gerade etwas über 500 Jahren – die Zwiebel und die Erbse.

ROTE-BETE-SALAT

500 g Rote Bete
125 ml Sahnejoghurt
3–4 El Honig (Pinien-, Wald-, Akazienhonig u. a.)
100 g grob gehackte Walnüsse
schwarzer Pfeffer

Die Rote Bete waschen, schälen und grob raspeln. Den Joghurt mit dem (eventuell etwas erwärmten) Honig zu einer geschmeidig glatten Sauce verquirlen, die Nüsse unterrühren und mit frisch gemahlenem Pfeffer würzen.

Die Masse über die Rote Bete gießen und gut unterheben, zudecken und mindestens 1 Stunde im Kühlschrank durchziehen lassen.

FEIGEN-TRAUBEN-SALAT

»Der Feigenbaum hat Knoten gewonnen, und die Reben duften mit ihren Blüten …« (Hohelied 2,13)

8–10 frische Feigen
300 g rote Weintrauben
1 Radicchio
3–4 El Zitronensaft
Salz
100 ml Olivenöl
2 Tl kleine Kapern
1–2 Zweige Minze
schwarzer Pfeffer

Die Feigen waschen, nach Geschmack eventuell auch häuten und in Viertel schneiden. Die Trauben waschen, halbieren und entkernen, den Salat putzen, waschen und abtropfen lassen. Den Zitronensaft mit einer Prise Salz verrühren und nach und mit den Öl zu einer Dressing verquirlen. Die Kapern und die Minzeblättchen fein hacken, in das Dressing rühren und mit frisch gemahlenem Pfeffer abschmecken.

Die Radicchioblätter auf Tellern anrichten, die Feigen und Trauben darauf verteilen und mit dem Dressing überziehen.

ROTE-ZWIEBEL-ORANGEN-SALAT

In den berühmten hängenden Gärten der Semiramis in Babylon entdecken wir Orangen auf Reliefen, die etwa 800 v. Chr. entstanden sind. Orangenbäume wuchsen auch in Ägypten und Persien. Heute sind Orangen die beliebteste Zitrusfrucht der Welt. Ihr Name leitet sich ursprünglich aus dem Sanskritwort *naranga* ab und die Bezeichnung Apfelsine entstand aus Apfel-Sine, Apfel aus China (früher Sina).

Schon vor über 3000 Jahren wurden die kostbaren Zitrusfrüchte in China für den Kaiser gezüchtet. Alexander der Große entdeckte die Orangen auf seinem Asienfeldzug und brachte sie in den Vorderen Orient mit.

4 Orangen
1–2 rote Zwiebeln
100 g schwarze Oliven ohne Stein in Öl
Zitronensaft
Salz
schwarzer Pfeffer

Die Orangen schälen und dabei die weiße Haut entfernen, dann in Scheiben schneiden. Den Saft auffangen. Die Zwiebeln häuten und ebenfalls in dünne Scheiben schneiden. Mit den Orangenscheiben locker mischen.

Die Oliven abtropfen lassen und grob zerkleinern, das Öl für das Dressing auffangen.

Den Orangensaft, den Zitronensaft und das Öl mit einer Prise Salz kräftig verquirlen und mit frisch gemahlenem Pfeffer abschmecken. Über die Orangen-Zwiebel-Mischung geben, locker unterheben und den Salat anrichten. Mit den Oliven bestreuen und eventuell noch nachpfeffern.

GRAUPEN-LINSEN-SALAT

»... ein Land, darin Weizen [und] Gerste ... wachsen ...« (5. Mose 8,8)

300 g frisch gekochte, warme Graupen
300 g frisch gekochte, warme Linsen
1/2 Bund Petersilie
1/2 Bund Koriander
1–2 Frühlingszwiebeln
1 Stange Bleichsellerie
1/2 Bund Radieschen
1–2 Gewürz- oder Dillgurken
50 g schwarze Oliven ohne Stein
5 g Sultaninen

Dressing:
1 Knoblauchzehe
Salz
1/2 Tl geriebener Meerrettich
1/2 Tl Senf
1–2 Tl Honig
3 El Essig
6–8 El Olivenöl
2 El fein gehackte Kräuter (Dill, Thymian, Oregano, Minze, Schnittlauch, Kerbel)
1 Prise Kümmel
schwarzer Pfeffer
Sesamsamen zum Bestreuen

Den Knoblauch häuten, grob hacken, mit Salz bestreuen und mit dem Messerblatt fein zerdrücken. Mit Meerrettich, Senf, Honig und dem Essig verrühren. Das Öl nach und nach unterquirlen, dann die Kräuter dazugeben und das Dressing mit Kümmel und Pfeffer abschmecken.

Die Petersilien- und Korianderblättchen von den Stielen zupfen und fein wiegen. Die Frühlingszwiebeln, Sellerie und Radieschen putzen, zusammen mit den abgetropften Gurken und Oliven in kleine Würfelchen schneiden. Die Sultaninen, die noch warmen Graupen und Linsen dazugeben, mit dem Dressing übergießen und alles locker, doch gründlich mischen. Zugedeckt 1–2 Stunden durchziehen lassen. Vor dem Servieren noch einmal auflockern und mit in einer unbeschichteten Pfanne gerösteten Sesamsamen bestreuen.

Probieren Sie diesen herzhaften Salat, der als Hauptgericht oder – in kleineren Portionen – als Vorspeise, vielleicht auf einem Blattsalatbett, oder als Beilage serviert werden kann, auch einmal mit anderen Getreidesorten wie Bulgur, Hirse, Kichererbsen oder dicken Bohnen aus.

Sie können ihn auch noch mit Ziegen- oder Schafskäsewürfeln, Eischeiben oder auch gebratenen Geflügelbruststreifen usw. garnieren.

BULGUR-RETTICH-SALAT

225 g feinkörniger Bulgur
900 ml kochendes Wasser
1 Bund Frühlingszwiebeln
2 Bund Petersilie
3 El Essig
Salz
5–6 El Olivenöl
1 Tl scharfer Senf
125 g geriebener Rettich
Romana-Salat
1 Bund Minze

Bulgur mit kochendem Wasser übergießen und etwa 30 Minuten ziehen lassen, bis er weich und locker ist. Gut abtropfen lassen.

Die Frühlingszwiebeln putzen und in feine Scheiben schneiden. Die Petersilienblätter von den Stängeln zupfen und fein wiegen.

Den Essig mit einer Prise Salz verrühren, das Öl kräftig unterquirlen, zu einem cremigen Dressing aufschlagen und mit dem Senf abschmecken.

Die Frühlingszwiebeln, die Petersilie und den Rettich zum Bulgur geben, mit dem Dressing übergießen und locker, aber gründlich durchmischen. Zugedeckt einige Stunden oder über Nacht im Kühlschrank durchziehen lassen.

Den Salat putzen, waschen und abtropfen lassen und als Bett auf Tellern anrichten. Den Salat darauf verteilen und mit gehackter Minze bestreuen.

KRÄUTERSALAT MIT GEBACKENEM ZIEGENKÄSE

4 kleine oder 4 Scheiben Ziegenfrischkäse à ca. 100 g
6–8 El Olivenöl
1 El Senf
1 Tl Honig
3–4 El milder Weißweinessig
2–3 El gemischte, fein gehackte Kräuter (Koriander, Petersilie, Thymian, Dill ...)
100 g junge Rauke, Rucola
1–2 Stauden Chicorée
1 Bund Wasserkresse
1 kleiner Romana-Salat

Die Ziegenkäsescheiben mit dem Olivenöl übergießen und 4–6 Stunden oder über Nacht darin marinieren lassen.

Das Öl abgießen und die Ziegenkäsescheiben gut abtropfen lassen. Das aufgefangene Öl mit Senf, Honig und Essig kräftig zum Dressing verquirlen. Die Salatkräuter putzen, waschen, gut abtropfen lassen, nach Geschmack zerkleinern, mit dem Dressing übergießen und durchmischen.

Die Ziegenkäsescheiben im vorgeheizten Backofen (E: 225 °C, G: 4) etwa 5–8 Minuten backen, bis sie aufgehen und goldgelb werden.

Währenddessen den Salat anrichten. Die gebackenen Käse in den gemischten Kräutern wälzen und auf dem Salat anrichten.

GEFLÜGEL-ERBSEN-SALAT AUF ALTRÖMISCHE ART

Die Römer liebten, wie ich in meinem Buch der römischen Küche beschrieben habe, ungewöhnliche Geschmackskombinationen. So kam ihnen Fisch mit Geflügelfleisch in einem Gericht ganz und gar nicht spanisch vor, und Erbsen waren ein überaus beliebtes Gemüse.

1 kleiner Romana-Salat
450 g gekochte Geflügelbrust
200 g gekochter Sellerie oder Bleichsellerie
3 hart gekochte Eier
50 g schwarze Oliven ohne Stein
200 g gekochte Erbsen (ersatzweise aus der Dose)
3–4 Sardellenfilets
1 El kleine Kapern

Dressing:
1 zerdrückte Knoblauchzehe
Salz
1 Tl Honig
1–2 Tl Senf
1/4 Tl Selleriesamen
2–3 El Essig
5–6 El Olivenöl

4 El geröstete Mandelblättchen

Den Salat putzen, waschen, abtropfen lassen und in breitnudelige Streifen schneiden.

Die Geflügelbrust in feinere Scheiben oder Würfel, den Sellerie in Würfel und die hart gekochten Eier in Scheiben schneiden. Die Oliven grob hacken. Alles mit den Erbsen und dem Salat mischen. Die grob gehackten Sardellenfilets und die Kapern dazugeben.

Den Knoblauch häuten, grob hacken, mit Salz bestreuen und mit dem Messerblatt fein zerdrücken. Mit Honig, Knoblauch, Senf, Selleriesamen und dem Essig gut verrühren. Das Öl nach und nach kräftig unterquirlen und das Dressing abschmecken.

Das Dressing über die Salatzutaten gießen und locker, aber gründlich vermengen, anrichten und mit den Mandelblättchen bestreuen.

Dazu passen frisches Dattel-Nuss-Brot oder Pita.

THUNFISCH-FENCHEL-SALAT

»... geh hin an den See und wirf die Angel aus, und den ersten Fisch, der herauf-kommt, den nimm ...« (Matthäus 17,26)

600 g Thunfischfilet
Olivenöl
weißer Pfeffer
1 große Fenchelknolle mit Grün
2 Dillgurken
2 säuerliche Äpfel
1/2 Bund Radieschen
100 g Rosinen

Dressing:
2–3 El Essig oder Zitronensaft
Salz
1 El milder Senf
1 Tl Honig
1 Prise Selleriesamen
5–6 El Olivenöl

Den Thunfisch mit Öl einpinseln, leicht pfeffern, in Alufolie wickeln und im zugedeckten Topf 20 Minuten in einem Sieb über kochendem Wasser dämpfen.

Den Fenchel putzen, das Grün zur Seite legen und dann in mundgerechte Stücke oder Streifen und die Dillgurken in feine Würfel schneiden. Die Äpfel schälen, entkernen, vierteln und in dünne Spalten und die Radieschen in Scheiben schneiden. Alles mit den Rosinen in eine Schüssel geben.

Den Essig mit dem Salz verrühren, Senf, Honig und Selleriesamen dazugeben und nach und nach das Öl kräftig unterquirlen. Das Dressing bis auf 1–2 El über den Salat gießen und gut unterheben. Den Thunfisch aus der Folie wickeln, in dünne Scheiben schneiden, auf dem Salat anrichten und mit dem restlichen Dressing beträufeln.

HÜLSENFRÜCHTE

Hülsenfrüchte zu trocknen ist eine Konservierungsmethode aus uralten Zeiten und sie wurde bis heute weder durch die Konserven noch durch das Tiefkühlgerät verdrängt.

Kichererbsen sind, soweit uns bekannt ist, die ältesten Hülsenfrüchte.

Dicke, Sau- oder Pferdebohnen, bei uns vielleicht nicht so geläufig, gehören im Mittleren Osten und Mittelmeerraum auf den alltäglichen Speiseplan. Weiße Bohnen sind getrocknete Strauch- oder Stangenbohnen.

Linsen, bis auf die geschälten, sollten 3–5 Stunden vor dem Kochen eingeweicht werden. Es gibt große, braune Linsen, kleine Standard-Linsen und – nicht zu vergessen – die so genannten roten Linsen, die schon Esau in Versuchung führten, die aber eigentlich orangefarben und bereits geschält sind.

HUMMUS

250 g getrocknete Kichererbsen
125 g Sesampaste
2 Knoblauchzehen
2 El Zitronensaft
Olivenöl
Salz

Die Kichererbsen über Nacht mit ausreichend Wasser bedeckt einweichen, abgießen, in frischem Wasser einmal aufkochen, dann zugedeckt bei milder Hitze gut 2 Stunden, bis sie sehr weich sind, kochen. Abgießen und etwas Kochwasser auffangen.

Die Kichererbsen im Mixer glatt pürieren. Die Sesampaste, die fein zerdrückten Knoblauchzehen, Zitronensaft und so viel Olivenöl unterquirlen, dass ein geschmeidig sämiges Püree entsteht. Salzen und ggf. etwas Kochwasser unterrühren.

Das Hummus völlig auskühlen lassen, auf kleinen Tellern anrichten und mit Olivenöl beträufelt servieren.

FALAFEL

500 g getrocknete Kichererbsen
1 Tasse Bulgur
1/4 altbackenes Pitabrot oder
1 Brötchen
1 Bund Koriander
1 kleine Zwiebel
3 Knoblauchzehen
1 El Salz
1 El Kreuzkümmel
2 El Kurkuma
Öl zum Ausbacken

Kichererbsen über Nacht mit ausreichend Wasser bedeckt einweichen, abgießen, in frischem Wasser einmal aufkochen, dann zugedeckt auf milder Hitze gut 2 Stunden, bis sie sehr weich sind, kochen.

Den Bulgur und das Brot getrennt in kaltem Wasser einweichen, abtropfen lassen bzw. ausdrücken. Die Kichererbsen abgießen, mit dem Pürierstab zu einer glatten Masse verarbeiten. Den gequollenen, abgetropften Bulgur und das ausgedrückte Pitabrot unterkneten.

Koriandergrün, Zwiebeln und Knoblauch fein hacken, unter das Kichererbsenpüree mischen, mit Salz, etwas Kreuzkümmel und Kurkuma würzen. Den Teig etwas ruhen lassen.

Mit nassen Händen etwa walnussgroße Kugeln formen und im heißen Öl goldbraun ausbacken. Mit der Schaumkelle herausheben und auf Küchenkrepp entfetten.

Dazu passt eine mit Zitronensaft und Knoblauch gewürzte Joghurtsauce.

GERÖSTETE KICHERERBSEN

Kichererbsen waren schon im alten Palästina ein Hauptnahrungsmittel und wurden geröstet zur Zeit der römischen Herrschaft ein beliebter Imbiss.

300 g getrocknete Kichererbsen
Kümmel
Salz

Die Kichererbsen über Nacht mit ausreichend Wasser bedeckt einweichen, abgießen und gut abtropfen lassen. Dann im Backofen (E: 120 °C, G: 1) etwa 30 Minuten abtrocknen lassen.

Eine schwere, unbeschichtete Pfanne heiß werden lassen. Die Kichererbsen hineingeben und unter mehrfachem Schütteln rundherum gleichmäßig goldbraun und knusprig braten.

Die fertigen Kichererbsen mit Kümmel oder Salz bestreuen.

Die gerösteten Kirchererbsen schmecken ähnlich wie heiße Esskastanien.

LINSENKLÖSSCHEN

120 g Tellerlinsen
Salz
500 ml Wasser oder Gemüsebrühe
2 Zwiebeln
1 El Öl
1 Ei
2–3 Fäden Safran
2 El Mehl
Öl zum Ausbacken

Die Linsen in Salzwasser oder Brühe einmal aufkochen lassen, dann zugedeckt auf milder Hitze garen, bis sie die Flüssigkeit ganz aufgesogen haben. Von der Kochstelle nehmen und pürieren.

Die Zwiebeln häuten und würfeln, im Öl anschwitzen und unter das Püree rühren. Das Ei verquirlen und etwas davon mit Safran und Salz unter das Püree arbeiten, gut durchmischen, bis ein mittelfester, glatter Teig entsteht.

Mit nassen Händen Klößchen formen, durch das restliche Ei ziehen, dann im Mehl wälzen und im heißen Öl goldbraun ausbacken. Mit dem Schaumlöffel herausheben und auf Küchenkrepp entfetten.

LINSEN-PFANNKUCHEN

»... es war dort ein Stück Acker mit Linsen ...« (2. Samuel 23,11)

225 g Linsen
3 Eier
50 g Honig
Oliven- oder Sesamöl zum Ausbacken

Die Linsen auf das ungefettete Backblech streuen und in einem vorgeheizten Backofen (E: 150 °C, G: 1–2) etwa 20 Minuten knochentrocken werden lassen, damit sie sich leicht mahlen lassen.

In einer sauberen Kaffee- oder Nussmühle fein mahlen und zur Seite stellen.

Die Eier mit dem Honig kräftig schaumig aufschlagen, dann mit dem Linsenmehl sorgfältig zu einem glatten Teig verrühren.

Das Öl heiß werden lassen und aus dem Teig portionsweise Pfannkuchen backen.

Die Linsenpfannkuchen passen sowohl zu gebratenem als auch gedünstetem Gemüse, können aber auch süß, z. B. mit Honig oder Sirup, gereicht werden. Nach der gleichen Methode können auch Kichererbsen- oder Bohnenpfannkuchen zubereitet werden.

GEBACKENE ZWIEBELN

»Wir denken an die Fische, die wir in Ägypten umsonst aßen, und an ... den Lauch, die Zwiebeln und den Knoblauch.«

(4. Mose 11,5)

4 große Weißkohlblätter
4 große Gemüsezwiebeln
4 El kräftige Gemüsebouillon
Öl für die Form

Den Strunk der Kohlblätter heraustrennen oder flach schneiden. Die Blätter dann kurz in kochendes Wasser tauchen, kalt abschrecken und auf der Arbeitsfläche ausgebreitet gut abtrocknen lassen.

Die Zwiebeln häuten, das obere Viertel abschneiden und die Zwiebeln etwas aushöhlen, um die Bouillon einfüllen zu können.

Je 1 El Bouillon in jede Zwiebel gießen, die Deckel wieder aufsetzen, vorsichtig in die Kohlblätter einwickeln und mit Küchengarn umbinden. Dicht nebeneinander in eine geölte Auflaufform setzen und zugedeckt im vorgeheizten Backofen (E: 175 °C, G: 2) etwa 60 Minuten backen.

Besonders lecker schmecken sie, wenn sie auf dem Holzkohlengrill zubereitet werden. Anstelle der Kohlblätter können Sie die Zwiebeln auch in geölte Alufolie gewickelt backen.

GEGRILLTE FRÜHLINGSZWIEBELN

Zahlreiche Gebiete im Heiligen Land waren für ihre hervorragenden Zwiebeln bekannt, wie zum Beispiel Askalon, der die Schalotte (*Allium ascalonium*), auch Askalonzwiebel, ihren Namen verdankt. Hier ein Gericht für die Frühlingszwiebel (*Allium cepa*, ein Lauchgewächs, nicht mit der Schalotte zu verwechseln), auch Jakobslauch oder Johannislauch genannt, wie es übrigens fast unverändert noch heute in Katalonien serviert wird.

3–6 Frühlingszwiebeln pro Person
Olivenöl
Meersalz
frisch gemahlener schwarzer Pfeffer

Die gesäuberten ganzen Frühlingszwiebeln mit Olivenöl einpinseln und auf dem Holzkohlegrill etwas abseits der direkten Glut grillen, mit Meersalz und frisch gemahlenem Pfeffer würzen.

Wie die perfekt gegrillte Frühlingszwiebel auszusehen hat, darüber streiten sich die Allium-Experten: Manche lieben's knackig, mit Biss. Für andere ist die perfekt gegrillte Zwiebel weich, durchgegart und kann ruhig kleine schwarzbraune Flecken haben.

Ohne Zweifel sind sie eine köstliche Beilage zu allem vom Grill, wie beispielsweise Kebabs.

GEBACKENES OFENGEMÜSE

»Besser ein Gericht Gemüse, wo Liebe herrscht, als ein gemästeter Ochse und Hass dabei.« (Sprüche 15,17)

16 große Champignons
6 Stangen Bleichsellerie
6 große Karotten
6 große Pastinaken
2 Fenchelknollen
Olivenöl
Kümmel
Salz
Pfeffer

Die Champignons nicht waschen, sondern mit einem feuchten Tuch abreiben. Das restliche Gemüse gründlich waschen, aber nicht schälen und in dicke Stücke schneiden.

Das Gemüse mit Olivenöl übergießen und gut, bis es rundherum mit dem Öl benetzt ist, durchmischen.

Nebeneinander so auf ein Backblech legen, dass die Gemüsestücke sich nicht berühren. Mit etwas Kümmel bestreuen, salzen, pfeffern und im vorgeheizten Backofen (E: 175 °C, G: 3) etwa 30 Minuten backen. Dann sollte es, um eine schöne braune Kruste zu bekommen, kurz unter den Grill geschoben werden.

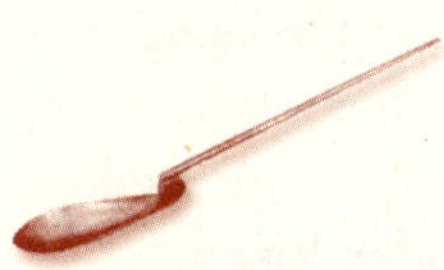

SUMERISCHE WASSERKRESSE

Bei Ausgrabungen in Ägypten wurden Samen von Wasserkresse gefunden, und schon in den babylonischen Schriften wird Wasserkresse als eine der wichtigen Pflanzen aufgelistet.

2 Bund Wasserkresse
3 El Sesamsamen
150 ml Geflügelbrühe
1 El Honig
1 El Essig
Kümmel
Koriander
Salz

Die Wasserkresse waschen, putzen und die harten Stiele entfernen. In vier Portionen teilen, die Stiele zusammenlegen und mit Küchengarn zusammenbinden.

In kochendem Wasser 2–3 Minuten blanchieren, mit der Schaumkelle herausnehmen, unter kaltem Wasser abschrecken und gut abtropfen lassen. Das restliche Wasser vorsichtig auspressen und die Fäden entfernen.

Den Sesam ohne Öl in einer unbeschichteten Pfanne unter stetem Rühren heiß werden lassen. Sobald sie platzen, von der Kochstelle nehmen und im Mörser zerstampfen. Mit der Brühe, Honig, Essig, Kümmel, Koriander und Salz verquirlen. Die Kresse anrichten und mit dem Dressing übergießen.

Eine sicher ebenso ungewöhnliche wie pikantwürzige Beilage zu Fleisch, Geflügel oder Fisch.

KANDIERTE ROTE BETE

Kandiertes Gemüse war in der antiken Welt überaus beliebt und die leuchtend roten Knollen der Roten Bete, die traditionell zu Rosh Hashanah, dem jüdischen Neujahrsfest im Herbst, gegessen wurden, sollten ein gutes Jahr bringen.

7–8 Gläser à 225 g

1500 g Rote Bete
Salzwasser
2 unbehandelte Zitronen
700 g Honig
5 Tl gemahlener Ingwer
150 ml Wasser
400 g gehackte Walnüsse oder Mandeln

Die gewaschene und geputzte Rote Bete mit Salzwasser gut bedeckt kochen, bis sie fast weich ist. Abgießen, völlig abkühlen lassen, die Schale abziehen und in Streifen schneiden oder Kugeln ausstechen.

Die Zitronen waschen und in dünne Scheiben schneiden. Den Honig mit Ingwer und dem Wasser zum Kochen bringen. Die Rote Bete und die Zitronenscheiben hineingeben und zugedeckt bei milder Hitze etwa 1 Stunde kochen, bis die Rote Bete »durchsichtig« wird und der Kochsud kräftig eingekocht ist.

Die Nüsse einrühren und noch einmal 5 Minuten kochen lassen. Heiß in vorbereitete, sterile Einmachgläser füllen und an einem kühlen, dunklen Ort lagern oder im Kühlschrank aufbewahren.

BLEICHSELLERIE MIT FENCHEL AUS DEM OFEN

Der Bleichsellerie und sein Verwandter, der Fenchel, wurden im alten Ägypten »die Türsteher des Himmels« genannt.

4 Fenchelknollen
1 Bleichsellerie
3 El Butter
4 El Olivenöl
Salz
schwarzer oder Kreuzkümmel

Fenchel und Sellerie putzen und in gleichmäßige, etwa 2 cm große Stücke schneiden. Das feine Fenchelgrün zum Garnieren zur Seite legen.

Das Gemüse unter Wenden in der Butter-Olivenöl-Mischung anbraten, in eine ofenfeste Auflaufform geben, leicht salzen und mit Kümmel würzen. Die Form mit Alufolie verschließen, den Deckel auflegen und im vorgeheizten Backofen (E: 175 °C, G: 2) 30–45 Minuten backen.

Aus dem Ofen nehmen, anrichten und mit Fenchelgrün betreut servieren.

GEFÜLLTE GURKEN MIT KNOBLAUCH-MINZE

»... und pflückte sein Kleid voll mit wilden Gurken. Und als er kam, schnitt er's in den Topf zum Gemüse – sie kannten's nicht – und legte es den Männern zum Essen vor ...« (2. Könige 4,39–40)

200 g Rosinen
1 Zwiebel
2 El Olivenöl
200 g gekochte Gerstengraupen
1 El Essig
2 El frische Minze
1/4 Tl Zimt
Salz
Pfeffer
4 mittelgroße Gurken
Knoblauch-Minze:
3 Knoblauchzehen
4 El frische Minze
Salz
1–2 El milder Essig

Die Rosinen mit Wasser übergossen gut 1 Stunde einweichen lassen.

Die Zwiebel fein hacken und im Öl glasig braten. Die Graupen und die abgetropften Rosinen dazugeben und etwas anbraten. Mit Essig, Minze,

Zimt, Salz und Pfeffer pikant abschmecken und von der Kochstelle nehmen.

Die Gurken waschen, der Länge nach aufschneiden, die Kerne mit einem Löffel herausschaben, dann mit der Graupen-Rosinen-Mischung füllen und nebeneinander in einen flachen Topf legen. Mit Wasser umgießen, zudecken, zum Kochen bringen und etwa 30 Minuten garen lassen, bis die Gurken weich sind.

Den Knoblauch häuten, grob hacken, mit etwas Salz bestreuen und mit dem Messerblatt fein zerdrücken, mit der gehackten Minze und dem Essig im Mixer pürieren und auf den angerichteten Gurken verteilen.

ROTKOHL MIT ROSINEN

Ein Rezept eines römischen Gourmetkochs, dem auch orthodoxere Israeliten nicht widerstehen konnten.

125 g Rosinen
150 ml Traubensaft
1000 g Rotkohl
1–2 El Öl
3 El Essig
1 El Honig
etwas Zimt
Salz
schwarzer Pfeffer
1–2 El Butter

Die Rosinen in Traubensaft mindestens 2 Stunden einweichen lassen.

Den Kohl vierteln, den Strunk entfernen, in die gut geölte Fettpfanne des Backofens legen, mit dem Essig beträufeln, abdecken und im vorgeheizten Backofen (E: 175 °C, G: 2) 30 Minuten backen.

Die Rosinen mit dem Saft, Honig, Zimt und die Butter über die Kohlviertel geben und nochmals etwa 15–25 Minuten garen, je nachdem, ob Sie den Kohl bissfest oder weicher bevorzugen. Nach Geschmack salzen und pfeffern.

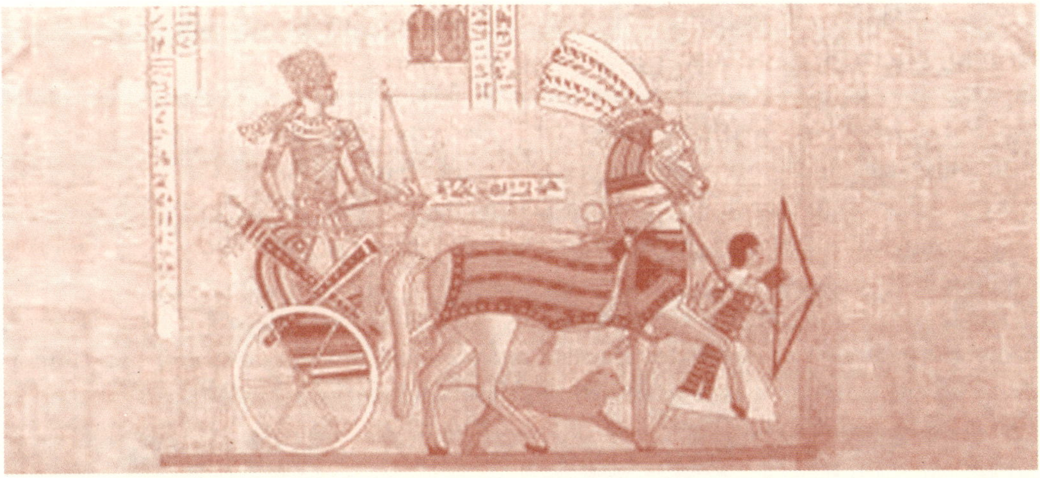

ZICHORIE MIT OLIVEN UND ROSINEN

Eine ungewöhnliche Kombination von drei Nahrungsmitteln, die im Heiligen Land reichlich vorhanden sind.

800 g Chicorée
4 Knoblauchzehen
100 ml Olivenöl
150 ml Geflügel- oder Gemüsebrühe
50 g Rosinen
50 g entsteinte grüne Oliven
2 El kleine Kapern
1–2 El geröstete Mandelblättchen

Den Chicorée putzen, in fingerdicke Scheiben schneiden und zur Seite stellen.

Die Knoblauchzehen nicht häuten, sondern nur einschneiden, im Öl unter Rühren goldgelb werden lassen und herausnehmen.

Chicorée ins Öl geben und 5 Minuten anbraten. Mit Brühe ablöschen, Rosinen, Oliven und Kapern einrühren und 15 Minuten kochen. Dabei häufig umrühren. Anrichten und mit den Mandeln bestreuen.

LAUCH-KOHL-GEMÜSE

Im alten Ägypten der Pharaonen war Lauch nicht nur die beliebteste Zwiebelart, sondern auch, wie wir in einer Papyrusrolle entdecken, in der Medizin von Bedeutung und wurde sogar zur Behandlung von Menschenbissen verschrieben.

1 Weißkohl (ca. 800 g)
4–6 Stangen Lauch
Salzwasser
1 El Olivenöl
1 El Fischsauce
1 El Essig
1 Tl schwarzer Kümmel
1 Tl Dill
1 Tl Koriander
Pfeffer

Den Kohl putzen, vierteln und den Strunk entfernen. Den Lauch putzen und nur den weißen Teil verwenden. Das Salzwasser zum Kochen bringen, die Kohlviertel und die Lauchstangen etwa 6–8 Minuten blanchieren, abgießen, kalt abschrecken und gut abtropfen lassen.

Beides in grobe Stücke schneiden, in die gut geölte Fettpfanne des Backofens legen, mit der Fischsauce und Essig beträufeln und mit den Gewürzen bestreuen.

Mit eingeölter Alufolie abdecken und das Gemüse im vorgeheizten Backofen (E: 175 °C, G: 2) 20–30 Minuten backen, je nachdem, ob Sie den Kohl bissfest oder weicher bevorzugen.

Als Beilage zu gegrillten Lammkoteletts und -chops oder gegrilltem Geflügel reichen.

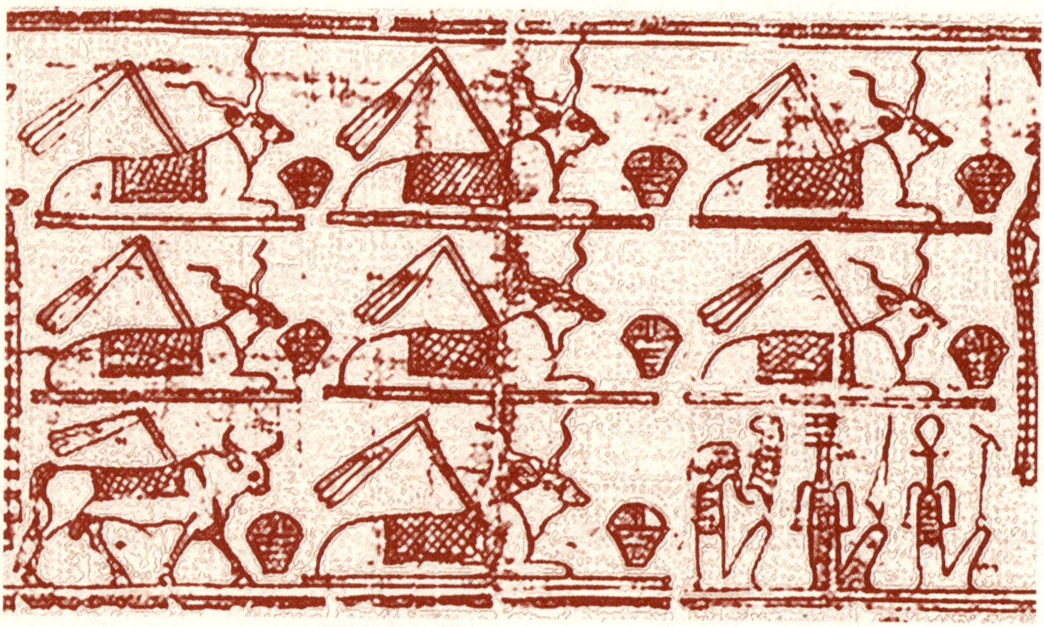

… SCHLACHTE SCHLACHTVIEH UND RICHTE ES ZU …

DIE BIBLISCHE FLEISCHKÜCHE

»Als Joseph den Benjamin bei ihnen sah, sprach er zu seinem Haushalter: Führe die Männer ins Haus und schlachte Schlachtvieh und richte es zu; denn die Männer sollen mit mir zu Mittag essen …«
(1. Mose 43,16)

Fleisch konnten sich unsere Urväter nur selten auf das Messer spießen, da die Tiere ihrer Herden das wertvollste Gut waren. Nur zu hohen Festen wurde also mal eins geschlachtet, meist am Spieß über dem offenen Feuer gebraten und im Familienkreis mit Gästen verspeist.

LAMMSATTEL MIT SENFTRAUBEN

Schon zu Salomos Zeiten war Lamm der Festtagsbraten. Er wird mit Senftrauben wie in alten Tagen serviert.

1200 g Lammrücken
3 El Olivenöl
schwarzer Pfeffer
Salz
500 g Weintrauben
150 g körniger Senf
250 g Honig oder Traubengelee

Das Fleisch gründlich säubern, die harte Lederhaut und überflüssiges Fett sauber entfernen, die Knochen mit Alufolie umwickeln und das Fleisch mit Olivenöl einreiben.

Den Rücken kurz in heißem Öl von allen Seiten anbraten, dann in einen Bräter setzen, pfeffern und im vorgeheizten Backofen (E: 200 °C, G: 3) etwa 25 Minuten braten.

Die Trauben waschen, halbieren und entkernen oder, wenn Sie es feiner und auch etwas arbeitsaufwändiger mögen, zuerst blanchieren und häuten.

Den Senf mit dem Honig oder Traubengelee unter Rühren erwärmen und immer wieder abschmecken. Denn die Sauce darf weder zu sehr nach Senf schmecken noch zu süß ausfallen.

Die Trauben zufügen, unter Rühren kurz aufkochen und warm halten.

Den Lammrücken mit der Sauce einstreichen, noch weitere 10 Minuten (er muss innen rosa sein) braten und dabei einige Male mit der Sauce und dem Bratenfond einstreichen.

Den Lammrücken salzen, im ausgeschalteten Backofen noch 10 Minuten ruhen lassen, dann anrichten und die Sauce dazu servieren.

LAMMBRATEN

6–8 Portionen

1500 g Lammkeule ohne Knochen
5 Knoblauchzehen
1–2 El Olivenöl
Salz
Pfeffer
2 El Thymian
2 große Zwiebeln
100 ml Wasser

Den Knoblauch pellen, hacken, mit etwas Salz bestreuen, mit dem Messerblatt zerdrücken und mit dem Öl mischen.

Das Fleisch säubern, mit Salz und Pfeffer einreiben, mit dem Knoblauch-Öl einmassieren, mit reichlich Thymian bestreuen und mit der fetten Seite nach oben in einen Bräter legen.

Die Zwiebeln häuten, vierteln und darum verteilen. Mit dem Wasser umgießen, mit Alufolie verschließen und im vorgeheizten Backofen (E: 175 °C, G: 2) 2 Stunden schmoren.

Die Alufolie entfernen und das Fleisch noch 30 Minuten bei höherer Temperatur (E: 225 °C, G: 4) braten.

Dabei immer wieder mit dem Fond übergießen, damit der Braten schön saftig bleibt.

LAMMKEULE MIT KÜMMEL-SENF-KRUSTE UND HÜLSENFRÜCHTEN

6–8 Portionen

200 g Erbsen
125 g Kichererbsen
1000 ml Wasser
Salz
125 g Linsen
4 Knoblauchzehen
2 Tl gemahlener Kümmel
2 Tl scharfer Senf
4–5 El Olivenöl
100 ml Rotwein
schwarzer Pfeffer
2 El Weizen- oder Dinkelvollkornmehl
1 Lammkeule, ca. 1600 g

Die Erbsen kurz kalt abbrausen, mit den Kichererbsen gut mit Wasser bedeckt über Nacht einweichen lassen und am folgenden Tag etwa 60 Minuten im Einweichwasser kochen. Salzen, die Linsen zufügen und noch weitere 30 Minuten garen lassen.

Den Knoblauch häuten, grob hacken, mit Salz bestreuen und mit dem Messerblatt fein zerdrücken.

Mit Kümmel, Senf, Öl und Wein verrühren, pfeffern und das Mehl gründlich unterrühren.

Die gesäuberte Lammkeule damit kräftig einmassieren und 2 Stunden marinieren lassen. Im vorgeheizten Backofen (E: 175 °C, G: 2) 60 Minuten braten.

Die Hülsenfruchtmischung um die Keule verteilen, damit sie den Bratensaft aufnehmen kann. Dann die Lammkeule, sie soll innen noch rosa sein, noch etwa 30 Minuten schmoren lassen. Machen Sie den Gartest mit einer Rouladennadel.

Läuft beim Einstechen noch Blutwasser heraus, kann die Keule noch im Ofen bleiben.

GEFÜLLTE LAMMSCHULTER

200 ml Süßwein (Malaga, Vi de Garda, Rancio oder auch Cream Sherry)
40–60 ml milder Rotweinessig
2–3 El Pinien- oder Akazienhonig
10 schwarze Pfefferkörner
100 g Korinthen
1 Lorbeerblatt
1 Msp Asant (oder 1 Knoblauchzehe)
1 Lammschulter, ca. 1000 g
Salz
Mehl zum Bestäuben
Olivenöl
100 ml Bier

Füllung:
100–150 g frische Pilze
100 g Sardellen
1 El Kapern
1 Tl Koriander
schwarzer Pfeffer

Den Süßwein mit Essig und Honig gut verrühren. Die Pfefferkörner, Korinthen, das zerbröckelte Lorbeerblatt und Asant oder eine zerdrückte Knoblauchzehe einrühren.

Die Lammschulter säubern, dann mit einem Ausbeinmesser vom Schulteransatz eine tiefe Tasche zwischen Fleisch und Knochen einschneiden. Das Fleisch innen und außen salzen, pfeffern und mit der Marinade übergossen 2 Tage unter mehrmaligem Wenden marinieren lassen.

Die Pilze putzen und in dünne Scheiben schneiden. Die Sardellen von den Gräten befreien und grob hacken. Mit den Pilzen, Kapern und Koriander mischen, mit Pfeffer und Salz abschmecken. Die Lammschulter aus der Marinade nehmen und gut abtrocknen. Die Füllung in die Tasche stopfen und die Öffnung mit Rouladennadeln verschließen, damit die Füllung beim Braten nicht auslaufen kann.

Die Lammschulter mit Mehl bestäuben, in heißem Öl in einem Bräter von allen Seiten gut anbraten. Mit dem Bier übergießen. Den Bräter mit Alufolie verschließen, den Deckel fest auflegen und die Lammschulter im vorgeheizten Backofen (E: 175 °C, G: 2) gut 2 Stunden schmoren und vor dem Servieren noch 10–15 Minuten im ausgeschalteten Backofen ruhen lassen.

Eine andere, herzhafte Füllung: 200 g Lamminnereien (Nieren, Leber u. a.) und 4–6 mittelgroße Pilze grob hacken, mit 3–4 El Paniermehl und einem 1 Ei vermengen. Mit etwas Süßwein, schwarzem Pfeffer, Ingwer, Salbei und Salz abschmecken.

Besonders interessant ist auch diese Füllung, die einen Hauch arabischer Küche auf den Teller bringt: 100 g Champignons, 50 g entsteinte Datteln und je 50 g getrocknete Aprikosen, Pflaumen, Birnen und Sultaninen fein hacken, mit frischem, gehacktem Ingwer, Knoblauch und schwarzem Pfeffer würzen und 2–3 El Süßwein untermengen.

LAMMRÜCKEN MIT GRANATAPFEL-WALNUSS-SAUCE

Zu Ehren und um den persischen König Ahasveros günstig zu stimmen, gab Königin Ester zwei Festessen, bei denen dieses köstliche Gericht eine der kulinarischen Sternstunden gewesen sein könnte. Mein Vorschlag: Experimentieren Sie mit den Gewürzen und stimmen Sie das pikant Süßsaure mit frischer Zitrone und Honig auf Ihren Geschmack ab.

2 Zwiebeln
1–2 Knoblauchzehen
4 El Sesamöl
1000 g ausgelöster Lammrücken
100 ml Fleischbrühe
300 ml Granatapfelsaft
100 g gemahlene Walnüsse
1 Tl Zimt
Pfeffer
schwarzer Kümmel
Salz
Zitronensaft
2 El Honig
Granatapfelkerne
gehäutete Walnusshälften

Die Zwiebel und den Knoblauch häuten, beides fein hacken und im Öl braten, bis die Zwiebeln glasig sind. Herausnehmen und zur Seite stellen.

Den Lammrücken rundherum anbraten.

Die Zwiebel-Knoblauchmischung wieder zugeben, mit der Brühe und dem Granatapfelsaft umgießen, die Nüsse und Gewürze einrühren.

Den Topf mit Alufolie verschließen, den Deckel fest auflegen und im vorgeheizten Backofen (E: 175 °C, G: 2) etwa 40 Minuten schmoren lassen. Das Fleisch herausnehmen und zugedeckt im ausgeschalteten Backofen abruhen lassen.

Den Fond, evtl. noch etwas Brühe oder Granatapfelsaft zufügen, mit Zitronensaft und Honig abschmecken.

Das Fleisch anrichten, mit der Sauce überziehen und mit Granatapfelkernen und Nüssen garnieren.

MILCHLAMM VOM SPIESS

Die Bibel berichtet von vielen Festen, zu deren Anlass feierlich ein Milchlamm oder eine junge Ziege gebraten wurde, zum Passahfest oder zu Ostern, beides Frühlingsfeste, gehört traditionsgemäß ein am Spieß über Holzkohlenfeuer gebratenes Lamm.

Etwa 20 Portionen

30 Knoblauchzehen
2 Bund frischer Thymian
4 El Salz
5 El gemahlener Koriander
5 El Kümmel
900 ml Olivenöl
1 ganzes Milchlamm, ca. 12 000 g

Die Knoblauchzehen häuten. Einen Bund Thymian abrebeln. Beides mit Salz, Koriander und Kümmel im Mixer unter ständiger Zugabe von Öl glatt pürieren.

Das Lamm säubern und dabei die harte Lederhaut gründlich entfernen.

Dann innen und außen mit dem Würzöl kräftig einreiben und mindestens 15 Minuten marinieren lassen. Das Lamm auf den Spieß stecken und die Beine zusammenbinden. Den Grillspieß etwa 1 Meter über das Holzkohlenfeuer hängen. Das Lamm ständig drehen und dabei alle 10–15 Minuten mit dem in das Gewürzöl getauchten Thymian einpinseln.

Das Lamm braucht 2–3 Stunden Grillzeit. Es sollte außen knusprig und goldbraun, das Fleisch aber noch saftig und leicht rosa sein. Auf einer großen Platte anrichten und zuerst den Rücken, dann die Schultern und Keulen herauslösen und in Portionen teilen.

Wer des öfteren ein ganzes Lamm grillen möchte, sollte besondere Vorkehrungen treffen und sich vielleicht einen speziellen Spieß von einem erfahrenen Schmied anfertigen lassen.

DER UR-GRILL

1. Eine gut 30 cm tiefe Grube ausheben. Sie muss etwas breiter und länger als das Tier sein. Das Feuer sollte mindestens 1 Stunde vor dem Braten angezündet werden, damit die Holzkohle ausreichend durchgeglüht ist.

2. Zwei kräftige gegabelte Äste (ca. 150 cm lang) oder Eisenstangen mit aufgeschweißten U-Eisen gut 30 cm tief treiben, damit sie sicher stehen und tragfähig sind.

In biblischen Tagen hatte jeder Haushalt solche Eisenstangen und den passenden Eisenspieß.

3. Der Grillspieß braucht drei Bohrungen, durch die kleinere Spieße gesteckt werden, um die Schultern, Mitte und Keulen des Tieres mit Draht daran festzubinden.

4. Den Spieß regelmäßig, möglichst ohne Unterbrechung, drehen.

5. Durch regelmäßiges Drehen und Einölen bildet sich eine schöne Kruste.

6. Als Garprobe den Oberschenkelknochen auslösen. Lässt er sich leicht bewegen, ist das Tier gar.

Das Lamm können Sie sich, wenn Sie einen freundlichen Bäcker in der Nachbarschaft haben, aber auch im Backofen braten lassen. Und natürlich können Sie nach dem Rezept auch nur eine Lammkeule oder -schulter grillen bzw. im eigenen Backofen braten. Dazu servieren Sie geriebenen Rettich, Senf, Kümmel, Korianderblätter und gerösteten Sesam, mit Minze gewürzten Essig und grobes Meersalz.

LAMMKOTELETTS

12–16 Lammkoteletts (je nach Größe und Appetit)
2–3 Knoblauchzehen
Salz
schwarzer Pfeffer
Rosmarin
Salbei
Koriander
1 Lorbeerblatt
2 El Olivenöl

Den Knoblauch pellen, hacken, mit etwas Salz bestreuen, mit dem Messerblatt zerdrücken und mit Pfeffer, Rosmarin, Salbei, Koriander, dem zerbröckelten Lorbeerblatt und dem Öl im Mörser oder Mixer durcharbeiten.

Die Lammkoteletts säubern, mit Küchenkrepp abtrocknen, auf eine Platte legen, mit der Würzmarinade auf beiden Seiten einpinseln, mindestens 1 Stunde durchziehen lassen und dann wie gewohnt braten oder grillen.

SHISH KEBAB

Lammspieße mit gerösteter Gerste und Gemüse

Schon seit Urzeiten war Lammfleisch eine große Delikatesse für die Israeliten, die Ägypter hingegen hielten mehr von der Milch und Wolle der Schafe und entwickelten so Vorschriften, die das Schlachten der Tiere untersagten.

300 ml Rotwein
150 ml Olivenöl
1 Knoblauchzehe
3–4 Wacholderbeeren
2 Lorbeerblätter
150 ml Aprikosensaft
1 Prise Zimt
Salz
800 g Lammfleisch
450 g Gerste
750 ml Wasser
1 El Olivenöl
16 vorgekochte Perlzwiebeln
16 dicke Scheiben weiße Rübchen
16 Radieschen
16 Scheiben Pastinake
16 Brokkoliröschen

Den Rotwein mit dem Olivenöl, der eingeschnittenen Knoblauchzehe, Wacholderbeeren, Lorbeerblättern, Aprikosensaft und Zimt aufkochen, salzen und abkühlen lassen. Das Fleisch in mundgerechte Würfel schneiden, hineinlegen und gut 1 Stunde marinieren lassen.

Die Gerste auf das Backblech streuen und im vorgeheizten Backofen

(E: 175 °C, G: 2) rösten, bis sie leicht gebräunt ist, in einem Topf mit Wasser und Olivenöl aufkochen, dann zugedeckt bei milder Hitze etwa 40 Minuten ziehen lassen, bis die Gerste weich ist. Abgießen.

Das Fleisch aus der Marinade nehmen und zur Seite stellen.

Die Gemüse in der Marinade einmal aufkochen und mit der Schaumkelle herausnehmen. Dann mit dem Fleisch abwechselnd auf Holzspieße stecken.

Die Marinade zum Kochen bringen und einige Minuten leicht kochen lassen.

Die Spieße auf dem Holzkohlefeuer oder im Backofen unter dem vorgeheizten Grill 10–15 Minuten grillen und dabei immer wieder mit der Marinade bestreichen.

Die geröstete Gerste anrichten, die Kebabs darauf legen und mit der heißen Marinade überziehen.

LAMMRAGOUT MIT FEIGEN

800 g Lammfleisch ohne Knochen
3 El Olivenöl
3 Knoblauchzehen
225 g getrocknete Feigen
250 ml trockener Rotwein
250 ml Wasser
2 Tl scharfer Senf
2 Tl gemahlener Koriander
2 Tl gemahlener Kümmel

Das Fleisch säubern, vom Fett befreien, mundgerechte Würfel schneiden und im Öl rundum anbraten. Die nicht gehäuteten, nur eingeschnittenen Knoblauchzehen dazugeben und noch 2–3 Minuten unter Rühren mitbraten.

Die Feigen halbieren oder vierteln. Mit Wein, Wasser, Senf und den Gewürzen zum Fleisch geben. Aufkochen und zugedeckt 90 Minuten bei milder Hitze schmoren lassen. Abschmecken und anrichten.

Nach dem gleichen Rezept können Sie auch Ziege oder Wild zubereiten und die Feigen durch die gleiche Menge getrocknete Aprikosen ersetzen.

Zwar unkoscher, aber gut: 2 El Crème fraîche vor dem Abschmecken in den Schmorfond kochen.

Dazu als Beilage Graupen, Hirse oder Bulgur nach den Grundrezepten servieren.

TAJINE-RAGOUT MIT LINSEN UND ROSINEN

Die Tajine ist ein uraltes, rundes, flaches Schmorgefäß aus Ton mit konischem Deckel, das auf ein Holzkohlefeuer gestellt wird.

200 g Rosinen
150 ml Traubensaft
1 Zwiebel
800 g Lamm-, Rind- oder Kalbfleisch
2 El Öl
1/2 Tl gemahlener Ingwer
1/4 Tl gemahlener Zimt
1 Tl gemahlener Kümmel

ca. 1000 ml Fleischbrühe
200 g Linsen
Salz
Pfeffer
2 El Honig
1 Tl Orangenblütenwasser

Die gewaschenen Rosinen über Nacht im Traubensaft einweichen.

Die Zwiebel häuten und in Scheiben schneiden. Das Fleisch in mundgerechte Würfel schneiden und im Öl rundherum anbraten.

Die Zwiebelringe zugeben und so lange braten, bis sie braun werden.

Die Gewürze zugeben, die Brühe zugießen, aufkochen und 5 Minuten kochen lassen.

Die Linsen hineinrühren, den Deckel fest auflegen und auf milder Hitze etwa 1 Stunde leicht sieden lassen.

Die Rosinen zugeben und noch weitere 20 Minuten schmoren. Mit Salz, Pfeffer und Honig abschmecken, das Orangenblütenwasser hineinträufeln und das Ragout anrichten.

TSCHOLENT
Auch Tschulent, Schalet oder Chamin

Tscholents werden bei milder Hitze viele Stunden geschmort oder gedünstet. Dieser antike Vorläufer des *slow cooking* entstand durch die Sabbat-Gesetze, die es verbieten, am Sabbat ein Feuer zu entfachen und auch zu kochen. Doch ein bereits entfachtes Feuer darf genutzt und bereits zubereitetes Essen darauf gegart werden. Daher gibt es in der jüdischen Küche zahlreiche Eintopfgerichte mit Fleisch, Getreide und Gemüse oder auch mit Mehlklößen und Dörrobst, die vom Freitagabend bis zum Sabbatmittag vor sich hinschmoren können.

Da auch ein Tscholent, wie jeder gute Eintopf, in größeren Portionen zubereitet besser schmeckt, ist das folgende Rezept auch für 6–8 Portionen.

Übriggebliebenes können Sie einfrieren und nach Lust und Laune später einfach schnell wieder auftauen.

LAMM-WEISSE-BOHNEN-TSCHOLENT

6 Portionen

400 g getrocknete weiße Bohnen
3–4 Zwiebeln
2 Knoblauchzehen
1200 g Lammfleisch mit Knochen
4 El Olivenöl
2 Zweige Liebstöckel
Salz
frisch gemahlener schwarzer Pfeffer
1/2 Bund Petersilie

Die Bohnen verlesen, waschen und in reichlich Wasser über Nacht einweichen.

Die Zwiebeln und den Knoblauch häuten und in kleine Würfel schneiden.

Das Fleisch von den Knochen lösen, säubern und in mundgerechte Stücke schneiden.

Das Öl heiß werden lassen, die Knochen darin unter Wenden bräunen und herausnehmen. Dann das Fleisch mit Zwiebeln und Knoblauch unter Wenden braten, bis die Zwiebeln beginnen, braun zu werden.

Die Bohnen mit dem Einweichwasser dazugeben. Die Knochen mit Küchengarn zusammenbinden und ebenfalls dazugeben. Liebstöckel hineinlegen, leicht salzen und mit 2–3 Drehungen aus der Pfeffermühle würzen.

Den Topf mit Alufolie verschließen, den Deckel fest auflegen und 24 Stunden im Backofen (E: 120 °C, Gas: 1/2) oder (E: 175 °C, Gas: 2) 4–5 Stunden garen lassen.

Die Knochen und das Liebstöckel herausfischen, abschmecken, anrichten und mit gehackter Petersilie bestreuen.

MEFARKA

Der Pfiff dieser Spezialität der Küche des Mittleren Ostens sind die Gewürze, besonders der Kümmel.

1200 g frische Saubohnen (400 g tiefgekühlte oder 200 g getrocknete)
2 El Olivenöl
500 g Lammhackfleisch
1 Tl Minzeblättchen
1 El Thymian
1/2 Tl Kümmel
1/2 Tl Koriander
1/2 Tl Zimt
2 Eier
Salz
1 El schwarzer Kümmel

Die Saubohnen auspellen und mit 150 ml Wasser und dem Olivenöl 30–60 Minuten zugedeckt bei milder Hitze kochen, bis sie gar sind. Dabei eventuell hin und wieder etwas Wasser nachgießen, aber nur in wenig Wasser kochen. Mit tiefgefrorenen Bohnen ebenso verfahren, getrocknete Bohnen zuvor über Nacht einweichen.

Das zerzupfte Hackfleisch mit 200 ml Wasser 5 Minuten aufkochen, dann das Wasser mit dem überflüssigen Fett abgießen.

Die Minze fein hacken, mit Thymian, Kümmel, Koriander und Zimt unter das Fleisch mischen und im eigenen Fett etwa 10 Minuten unter Rühren braten, bis das Hackfleisch trocken ist.

Die Saubohnen dazugeben. Die Eier unterrühren, bis die Masse fest, aber nicht trocken geworden ist, salzen und mit schwarzem Kümmel bestreuen.

LAMMBURGER

1 große Zwiebel
1 Knoblauchzehe
1 El Olivenöl
500 g mageres Lammhackfleisch
2–3 El grober Weizenschrot
1 Ei
Salz
schwarzer Pfeffer

Zwiebel und Knoblauch häuten, fein hacken und im Öl unter Rühren anbraten, bis die Zwiebel Farbe annimmt.

Mit dem Hackfleisch, Weizenschrot und dem Ei einen festen Teig kneten. Mit Salz, Pfeffer abschmecken und zugedeckt 30 Minuten ruhen lassen.

Hackfleischteig noch einmal durchkneten. Mit einem Esslöffel Portionen abstechen, kleine Frikadellen formen und in siedendem (nicht kochendem!) Wasser zugedeckt 10 Minuten ziehen lassen.

Mit der Schaumkelle herausnehmen, auf Küchenkrepp abtrocknen lassen und dann

- über der weißen Glut auf den Holzkohlengrill oder
- in der Pfanne in etwas Öl braun braten.

Sie können die Lammburger natürlich auch ungekocht direkt auf dem Grill oder in der Pfanne braten. Außerdem können Sie das Hackfleisch auch zu Klößchen formen und wie beschrieben braten oder grillen.

Dazu passen eine Joghurt-Gurken-Sauce, frisches Brot, frische Kräuter und gehackte Zwiebeln.

KIBBEH

Kibbeh war jahrtausendelang so etwas wie der »Hamburger« des Heiligen Landes. Das Vollkorn-Bulgur verlängert das Fleisch nicht nur, sondern reichert es mit wertvollen Ballaststoffen an und macht die Kibbeh auch knusprig.

225 g Vollkorn-Bulgur
ca. 1000 ml kochendes Wasser
1 Zwiebel
1 Knoblauchzehe

500 g Lamm- oder Rinderhackfleisch
2 Eier
2 Tl Kümmel
Salz
Pfeffer
Öl zum Braten

Den Bulgur mit kochendem Wasser übergießen und 30 Minuten bzw. so lange, bis er weich und flockig ist, ziehen lassen. Abgießen und überflüssiges Wasser ausdrücken.

Die Zwiebel und den Koblauch pellen, fein hacken und in 1 El Öl braten, bis die Zwiebel glasig ist. Mit dem Fleisch, Bulgur und den Eiern vermengen und mit den Gewürzen herzhaft abschmecken.

Mit nassen Händen kleine runde Frikadellen formen, etwa 1 Stunde in den Kühlschrank stellen und dann in heißem Öl braun und knusprig braten.

Dazu Joghurt- oder Sesam-Sauce, gegrillte Frühlingszwiebeln, Rettich und Pitabrot servieren.

KALB MIT MANDEL-SAUCE

Kalbfleisch mit Mandel-Sahnesauce ist im Mittleren Osten noch heute wie vor vielen tausend Jahren ein Festessen, und das Rezept stammt aus der Zeit, als es die Speisevorschriften, nach denen Milch und Fleisch getrennt zu essen sind, für die Israeliten noch nicht gab.

1–2 Knoblauchzehen
Salz
50 g frisch geröstete Mandeln
1 1/2 Tl Kümmel
1 1/2 Tl Koriandersamen
2 Tl gemahlener Ingwer
2 Tl Honig
1 Zwiebel
800 g Kalbfleisch (Oberschale)
2 El neutrales Öl
1 El Abgeriebenes von unbehandelter Orange
2 Stangen Zimt
150 ml Kalbsbrühe
300 ml Sahnejoghurt

Den Knoblauch pellen, hacken, mit etwas Salz bestreuen, mit dem Messerblatt zerdrücken und mit Mandeln, Kümmel, Koriander, Ingwer und Honig im Mixer zu einem glatten Brei pürieren. Dabei eventuell etwas Brühe zufügen.

Die Zwiebel häuten und in Scheiben schneiden.

Das Fleisch in mundgerechte Würfel schneiden und im Öl rundherum anbraten. Aus der Pfanne nehmen und zur Seite stellen.

Die Zwiebelscheiben im gleichen Fett goldbraun werden lassen. Die Mandel-Gewürzpaste einrühren und leicht anbraten. Mit der Brühe ablöschen. Die abgeriebene Orangenschale und den Zimt zufügen und 10 Minuten sieden lassen.

Das Fleisch einlegen und bei geringer Hitze etwa 15 Minuten kochen lassen. Den Sahnejoghurt einrühren und unter Rühren erwärmen. Nicht kochen (!), da die Sauce sonst gerinnt.

VON WILDEM UND ZAHMEM FEDERVIEH

GEFLÜGELGERICHTE

Heute gehen wir davon aus, dass etwa zur Zeit der Nutzung des Feuers nicht nur die Eier der Vögel, sondern auch die Vögel für die Ernährung der Menschen wichtig waren, und etwa 8000 Jahre v. Chr. begann der Mensch, die ersten Enten und Gänse in Gattern zu halten.

Vorrangig wegen der Eier gehalten, die das tägliche Speisenangebot abrundeten. Doch schnell erkannte er, dass er sich mit Geflügel nicht nur den Magen füllen konnte, sondern dass die Federn auch vor Kälte schützen.

Das Verhältnis zwischen Nutzen und Aufwand bei der Aufzucht von Gefieder musste wirtschaftlich bleiben, denn zum Verfüttern blieb nur der Überfluss. Federvieh ist im Vergleich zu den großen Schlachttieren, wie Rind oder Schwein, genügsam. Eine Kuh oder ein Schwein braucht über den Winter viel Futter. Geflügel ist anspruchsloser, es »pickt sich durch« die mageren Zeiten durch.

HONIG-POULARDE

1 Poularde (ca. 1400 g)
Mehl
2 Eier
Pfeffer
Salz
100 g Mazze- oder Paniermehl
Öl zum Braten
125 ml heißes Wasser
3 El Honig
125 ml Orangensaft
1 Tl Ingwer

Die Poularde der Länge nach halbieren, dann weiter in Brusthälften und Keulen teilen. Die Knochen so weit wie möglich auslösen und getrennt mit Suppengemüse daraus eine Brühe kochen.

Die Poulardenportionen zuerst im Mehl, dann in den mit 2 El Wasser verquirlten Eiern und zum Schluss im mit Pfeffer und Salz gewürzten Mazze- oder Paniermehl wenden.

In heißem Öl auf beiden Seiten goldbraun braten und in eine ofenfeste Auflaufform legen.

Das Wasser mit Honig und Orangensaft verrühren und über die Poulardenteile gießen, mit Ingwer bestreuen und zugedeckt im vorgeheizten Backofen (E: 175 °C, G: 2) etwa 30 Minuten schmoren. Den Deckel abnehmen und noch weitere 5 Minuten braten, damit die Panade knusprig wird.

SALBEIHUHN IM TONTOPF

Salvia judaica, die Salbeisorte, die schon in der Bibel vorkommt, wächst in den meisten Mittelmeerländern wild und wird frisch oder getrocknet als Küchengewürz verwendet. Und der Tontopf, der in biblischer Zeit in die Glut des Feuers gestellt wurde, gehört zu den archaischen Küchengeräten und ist mit dem heute angebotenem Römertopf oder dem Tajine vergleichbar, die jeweils schonendes Garen im eigenen Saft ermöglichen.

Übrigens: Noch heute wickeln Nomadenvölker Geflügel, Fisch und andere Bratenstücke in frischen Ton und garen sie dann in der Glut ihres Feuers. Der Tonmantel muss dann mit einem Hammer zerschlagen werden, um an das gegarte Huhn im eigenen Saft heranzukommen.

Römertopf
1 Bund Petersilie
1 El getrockneter oder 3 El frischer Salbei
2 El Olivenöl
1 Poularde (ca. 1400 g)
Meersalz
schwarzer Pfeffer
1/8–1/4 (je nach Größe) Sellerieknolle
3 Karotten
3 weiße Rübchen
12 Perlzwiebeln
150 ml trockener Weißwein

Den Römertopf 25 Minuten in kaltes Wasser stellen.

Die Petersilie und den Salbei von den Stielen zupfen, fein wiegen und mit dem Öl verrühren.

Die Poularde vorbereiten, innen und außen mit dem Würzöl gut einreiben, salzen, pfeffern und in den Römertopf legen.

Die Sellerieknolle, die Karotten und die weißen Rübchen putzen, waschen und in Würfel schneiden. Die Perlzwiebeln häuten. Das Gemüse zum Teil in die Poularde füllen, den Rest darum verteilen und mit dem Wein übergießen.

Den Deckel auf den Römertopf legen und in den kalten Backofen stellen. Den Backofen einstellen (E: 225 °C. G: 4) und das Huhn 60 Minuten schmoren.

Den Topf aus dem Backofen nehmen. Den Schmorfond abgießen und das Gemüse warm halten, gegebenenfalls noch den Fond einkochen.

Das Huhn noch etwa 10 Minuten im offenen Topf braten, damit die Haut knusprig wird, dann dekoriert mit dem Schmorgemüse im Topf servieren.

GEFÜLLTES HUHN MIT GERÖSTETEN ZWIEBELN UND MANDELN

Schon die alten Mesopotamier wussten, was schmeckt. Sie haben uns dieses Rezept auf einer Tontafel hinterlassen, doch es enthält wie alle diese uralten Rezepte weder Mengenangaben noch Zubereitungsanleitungen. Deshalb haben wir experimentiert und probiert, bis dieses Rezept, das Sie problemlos nachkochen können, stand.

1–2 Tl gemahlener Koriander
1–2 Tl Fenchelsamen
1 Tl schwarzer Kümmel
1 Tl Selleriesamen
2 Wacholderbeeren
1 Msp Zimt
1 El Granatapfelkerne
5 El Mandelstifte
8 große Zwiebeln
2 El Sesam- oder Olivenöl
1 Poularde (ca. 1400 g)

Alle Gewürze mit den Granatapfelkernen im Mörser oder der sauberen Kaffeemühle zu einer glatten Paste mahlen. Eventuell zum Schluss mit einigen Tropfen Sesamöl vermengen.

Die Mandelstifte ohne Öl in einer unbeschichteten Pfanne goldbraun rösten. Die Zwiebeln häuten, in kleine Würfel schneiden, in Öl goldgelb braten, auf Küchenkrepp legen und entfetten.

Mandeln und Zwiebeln mit der Würzpaste – etwas zum Einreiben der Poularde zurückbehalten – vermengen und die Mischung, bis auf etwa eine Handvoll, in die Poularde füllen.

Die Poularde außen mit der Würzpaste einreiben, in einen ofenfesten Schmortopf legen, mit Alufolie verschließen, den Deckel auflegen und im vorgeheizten Backofen (E: 175 °C, G: 2) etwa 90 Minuten im eigenen Saft schmoren lassen.

Deckel und Alufolie abnehmen und noch 30 Minuten braten. Dabei immer wieder mit dem Schmorfond begießen.

Die Poularde tranchieren, mit dem Schmorfond beträufeln und mit der zurückbehaltenen, erwärmten Zwiebel-Mandel-Mischung überziehen.

SCHMORPOULARDE MIT SPINAT UND PFLAUMEN

Mit Köstlichkeiten aus der persischen Küche wie dieser brachte Ester König Ahasveros dazu, ihr alle Wünsche zu erfüllen.

1 große Zwiebel
2 Knoblauchzehen
Salz
1/2 Tl Zimt
1 Tl Kurkuma
2 El Butter
4 Poulardenbrüste
500 g Blattspinat
1 Bund Frühlingszwiebeln
12 entsteinte Trockenpflaumen
150 ml Geflügelbrühe
50 ml weißer Traubensaft
1–2 El Zitronensaft
1 Prise Kümmel
1/2 Tl abgeriebene Zitronenschale
50 g geröstete, gehackte Walnusskerne

Die Zwiebel häuten und in nicht zu dicke Scheiben schneiden. Den Knoblauch pellen, hacken, mit Salz bestreuen und mit dem Messerblatt zerdrücken.

Die Zwiebelscheiben mit Zimt und Kurkuma in der Butter weich braten, den Knoblauch einrühren, die Poulardenbrüste einlegen, unter Wenden rundum anbraten und von der Kochstelle nehmen.

Den Spinat waschen, putzen und – falls die Blätter groß sind – grob hacken. Die Frühlingszwiebeln putzen und fein hacken. Beides mit den Trockenpflaumen mischen und um die Poulardenteile herum verteilen. Mit Brühe, Trauben- und Zitronensaft umgießen, mit Kümmel und der Zitronenschale würzen. Den Topf mit Alufolie verschließen, den Deckel auflegen und die Poulardenbrüste bei milder Hitze etwa 30 Minuten schmoren lassen.

Abschmecken, anrichten und mit gerösteten, gehackten Walnüssen bestreuen.

SENFHUHN

»… ein Senfkorn: wenn das gesät wird aufs Land, so ist's das kleinste unter allen Samenkörnern auf Erden; und wenn es gesät ist, so geht es auf und wird größer als alle Kräuter und treibt große Zweige, so dass die Vögel unter dem Himmel unter seinem Schatten wohnen können.«
(Markus 4, 31–32)

Die golden blühende, gut mannshohe Senfpflanze lieferte im Gelobten Land nicht nur bis zu 25 000 millimeterkleine Samen, sondern auch frisches Grün für die Küche.

2 Brathähnchen à 800 g oder
4–6 Hähnchenbrüste und -keulen
4 El mittelscharfer Senf
4–5 El frische gemischte Kräuter (oder gut 2 El getrocknete Petersilie, Thymian, Dill …)
150 g Paniermehl

Die Hähnchen der Länge nach halbieren, dann in Brust und Keulen teilen. Die Knochen so weit wie möglich auslösen und getrennt mit Suppengemüse eine Brühe kochen.

Die Geflügelteile mit dem Senf einpinseln. Die Kräuter und das Paniermehl mischen, in einen Kunststoffbeutel geben und die Geflügelteile darin gut schütteln.

In einen ofenfesten Topf legen, mit Alufolie verschließen, den Deckel fest auflegen und im vorgeheizten Backofen (E: 175 °C, G: 2) etwa 45 Minuten schmoren lassen. Deckel und Alufolie abnehmen und bei höherer Temperatur (E: 225 °C, G: 4) noch einmal 15 Minuten braten, damit die Kruste knusprig wird.

RÖMISCHES GRILLHÄHNCHEN

Liquamen oder Garum, die fermentierte Fischsauce, war eine der beliebtesten Würzen der Köche im Imperium Romanum und so auch im ganzen Mittelmeerraum.

4 zerdrückte Knoblauchzehen
Salz
1 Tl gemahlener schwarzer Pfeffer
2 El gemischte getrocknete Kräuter (Minze, Thymian, Dill, Liebstöckel, wenig Weinraute …)
1 Tl Selleriesamen
5 El Olivenöl
3 El Fischsauce
2 Tl Honig
1/2 Tl Senf
4 Brathähnchen à ca. 800 g

Den Knoblauch pellen, hacken, mit etwas Salz bestreuen und mit dem Messerblatt zerdrücken. Mit Pfeffer, den Kräutern, den zerstoßenen Selleriesamen, Öl und Fischsauce kräftig verrühren und mit Honig und Senf pikant abschmecken.

Die Hähnchen der Länge nach halbieren, mit der Marinade gut einmassieren, mit Frischhaltefolie abdecken und einige Stunden, am besten über Nacht, im Kühlschrank durchziehen lassen.

Aus der Marinade nehmen und unter dem Grill etwa 20 Minuten grillen. Dabei einige Male wenden und immer wieder mit der Marinade einpinseln.

ENTENBRUST MIT ROSENESSIG

4 Barberie- oder Flugentenbrüste ohne Knochen
Vollkornmehl zum Wenden
600 ml Enten- oder Geflügelbrühe
3–6 Tl Rosenessig
schwarzer Pfeffer
Salz
4 El gehackte Petersilie
kandierte Rosenblätter

Die Haut von den Entenbrüsten ablösen, auf mittlerer Hitze auslassen

und braten, bis sie goldbraun und knusprig sind, klein schneiden und warm stellen.

Die Entenbrüste etwas flach klopfen, in Mehl wenden, abklopfen und in ausgelassenem Entenfett auf beiden Seiten 3–5 Minuten braten. Innen müssen sie rosa bleiben! In Alufolie wickeln und warm stellen.

Währenddessen die Brühe bei starker Hitze schnell auf etwa 1/3 einkochen, den Rosenessig – Menge nach Geschmack – einrühren und noch einmal auf etwa 2/3 einkochen lassen.

Die fertigen Entenbrüste salzen, pfeffern, anrichten, mit der Sauce überziehen, mit den Hautstückchen, Petersilie und kandierten Blütenblättern bestreuen und warm servieren.

Rosenessig kann man auch selbst herstellen. Hierzu einen guten Weiß- oder Rotweinessig mit Rosenblütenwasser aromatisieren oder etwa 2 Hand voll ungespritzte, intensiv duftende Rosenblüten (nicht waschen!) in ein Glas füllen, mit 500 ml mildem Essig übergießen, mit Frischhaltefolie verschließen und etwa 4 Wochen an einem sonnigen Platz mazerieren lassen. Dabei des Öfteren etwas durchschütteln. Den aromatisierten Essig durch ein Haarsieb oder Mulltuch abseihen und in dunkle Flaschen füllen.

Die Rosenblüten sollten Sie um die Mittagszeit pflücken, da sie dann das intensivste Aroma haben.

VON FISCHEN UND ANDEREN WASSER-BEWOHNERN

FISCH UND MEERESFRÜCHTE

»Dies sollt ihr essen von allem, was in den Wassern ist: alles, was Floßfedern und Schuppen hat in den Wassern, in den Meeren und in den Flüssen, das sollt ihr essen.« (3. Mose 11,9)

Bei archäologischen Ausgrabungen gefundene Fischknochen und Schalenreste sowie Kunstgegenstände und Keilschriftaufzeichnungen aus den Ländern zwischen Euphrat und Tigris, von denen wir heute wissen, dass sie die Wiegen des Fortschritts der menschlichen Entwicklung waren, beweisen uns, dass die Fische, Krebse, Mollusken wie Schnecken und Muscheln oder Schildkröten in den Flüssen, Seen und den Küstengewässern zu den wichtigsten Nahrungsquellen gehörten.

Die Fischer, einer der ältesten Berufe, gingen mit uns heute teils abenteuerlich anmutenden Schilfbooten, Flößen oder Holzkähnen auf Fang. Und da die Wasserbewohner gefragt waren, hatten sie auch schon die Fischfangmethoden mit Speeren, Harpunen, Reusen, Fallen, mit Angeln und verschiedenen Netzen so weit verfeinert, dass sie sogar einem Vergleich mit heute üblichen Geräten Stand halten.

Auch züchtete man schon Fische in Teichen, wie antike Wandbilder von der harten Arbeit der Fischer und ihren Spielen beim Fischerstechen belegen.

Fische waren ein billiges Grundnahrungsmittel.

So gab es sowohl in den Flüssen und Seen als auch aus der Zucht reichlich Fisch, der, da er schnell verdarb, schon damals nicht nur frisch in die Küchen kam, sondern zu haltbarem Stock-, Dörr- und Salzfisch verarbeitet wurde, der ein begehrter Exportartikel war und mit Handelsschiffen oder Karawanen in die gesamte damals bekannte Welt gebracht wurde.

STOCKFISCH-FRIKADELLEN

400 g Stockfisch
400 g kleinkörniger Bulgur (Tabbouleh)
1000 ml kochendes Wasser
3 El Petersilie
2 kleine Zwiebeln
2 Eier
2 Tl Kümmel
Öl zum Braten

Den Fisch gut abspülen, in eine Schüssel legen, mit heißem Wasser übergießen und mindestens einen Tag wässern und entsalzen. Dabei das Wasser einige Male wechseln. Den Fisch herausnehmen, die Haut abziehen, die Gräten entfernen und in kleine Stücke schneiden.

Den Bulgur mit kochendem Wasser übergießen, gut 1 Stunde quellen, dann in einem Sieb abtropfen lassen und das überflüssige Wasser ausdrücken.

Die Petersilie fein hacken. Die Zwiebeln häuten und in sehr feine Würfel schneiden. Beides mit den Fischstücken, dem Bulgur und den Eiern vermengen. Mit Kümmel abschmecken.

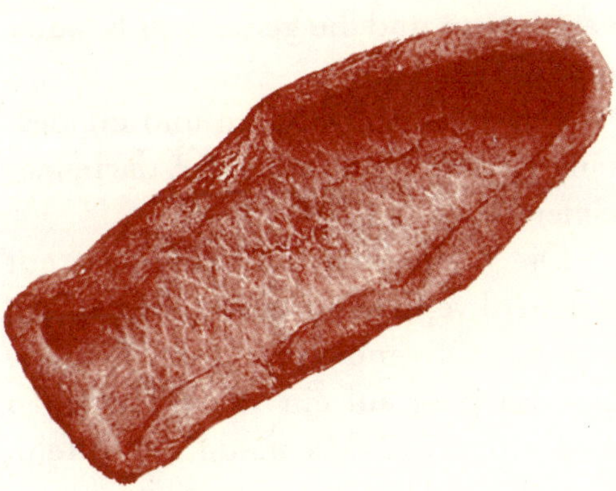

Alles mit dem Pürierstab zu einer glatten Masse verarbeiten. Mit nassen Händen Frikadellen formen und im Öl goldbraun braten.

Mit heißer Knoblauchbutter servieren. Dazu passt auch Lauch und Kohl.

BRATFISCH MIT BIENENHONIG

»Und sie legten ihm vor ein Stück vom gebratenen Fisch und Honigseim, und er nahm's und aß vor ihnen.«
(Lukas 24,42–43)

Fisch und Honig sind sicher auf den ersten Blick eine ungewöhnliche, doch überraschend delikate Kombination und gehörten, wie wir bei Markus lesen, zu den Gerichten, die Jesus gegessen haben soll.

4 festfleischige weiße Fischfilets à 150 g
(Seefisch: Kabeljau, Seelachs, … Flussfisch: Zander, Barsch, Wels)
2–3 El Olivenöl
4 Tl Honig
Zitronensaft
frisch gemahlener weißer Pfeffer

Den Fisch säubern, mit Küchenkrepp abtupfen, mit Olivenöl einpinseln und bei geringer Hitze 3–5 Minuten von jeder Seite grillen. Herausnehmen, je einen Tl Honig über die Fischstücke geben, wieder direkt unter den Grill schieben und den Honig hellbraun karamelisieren lassen.

Herausnehmen, anrichten, mit etwas Zitronensaft beträufeln und mit frisch gemahlenem Pfeffer würzen.

Dazu gibt es ofenfrische Gerstenfladen.

BRATFISCH MIT HONIG AUF ANDERE ART

150 g Weizenvollkornmehl
1/2 Tl Salz
100 ml Wasser
1 Ei
weißer Pfeffer
600 g Fischfilet (Thunfisch, Heilbutt, Kabeljausteak)
Öl zum Braten oder Frittieren
2 El Sesam-, Mandel- oder Olivenöl
2 El Honig
Sesam zum Bestreuen

Mehl und Salz in eine Schüssel geben, das mit Wasser verquirlte Ei zugeben und zu einem glatten Teig verrühren, mit Pfeffer abschmecken.

Das Fischfilet säubern, mit Küchenkrepp abtrocknen, in mundgerechte Würfel schneiden und in den Teig rühren.

Das Öl in einer tiefen Pfanne oder in der Fritteuse heiß werden lassen, die Fischwürfel darin goldgelb braten, mit der Schaumkelle herausnehmen und auf einem Stück Küchenkrepp entfetten.

Das Öl zusammen mit dem Honig vorsichtig erwärmen. Die Fischstücke darin so durchschwenken, dass der Honig von allen Seiten haftet. Anrichten und mit Sesamsamen bestreuen.

Mit Hirse und Roseninen-Apfel-Salat servieren.

GEGRILLTE SARDINEN IN WEINBLÄTTERN

»Als sie nun austraten auf das Land, sahen sie ein Kohlenfeuer, und Fische darauf und Brot.« (Johannes 21,9)

Marinade:
100 ml Zitronensaft
2 Tl Salz
300 ml Olivenöl
1 El Senf
100 g gemischte frische Kräuter (Dill, Minze, Thymian, Lorbeerblatt, Oregano, Basilikum)
1500 g frische, möglichst kleine Sardinen
1 eingelegtes großes Weinblatt pro Sardine

Den Zitronensaft mit dem Salz verquirlen, dann nach und nach das Olivenöl, Senf und die gehackten Kräuter unterziehen.

Die Sardinen säubern und mindestens 1 Stunde, besser länger, darin marinieren.

Die Weinblätter kalt abspülen, auf Küchenkrepp ausbreiten, abtrocknen und mit Olivenöl einpinseln. Dann je eine Sardine auf ein Weinblatt legen und mit etwas Marinade beträufeln. Die Weinblätter an den Seiten über die Fische klappen und wie eine Zigarre einrollen. Mit Olivenöl einpinseln und auf dem Grill oder mit etwas Öl in der Pfanne rundherum etwa 5 Minuten braten. Beim Anrichten die Weinblätter etwas aufrollen und die Sardinen mit Marinade beträufeln.

GEGRILLTER PETRUSFISCH

Der mushat, Petrusfisch, ist – so glaubt man – der Fisch, von dem Jesus sagte: *»… den ersten Fisch, der heraufkommt, den nimm, und wenn du sein Maul aufmachst, wirst du ein Zweigroschenstück finden…«* (Matthäus 17,27) Doch auch andere Fischsorten eignen sich für dieses Gericht.

4 Portionsfische à ca. 250 g (Petrusfisch, Forelle, Äsche, Brasse, Makrele …)
125 g Petersilie
2 weiße Zwiebeln
1–2 Knoblauchzehen
1–2 El Salz
150 ml Olivenöl
70 ml Essig

Ein Holzkohlefeuer anzünden oder alternativ den Grill anstellen.

Die Petersilie von den Stielen zupfen und fein wiegen. Zwiebeln und Knoblauch häuten, fein hacken und mit der Petersilie mischen.

Die Fische putzen, die Haut mehrmals diagonal einschneiden und innen

und außen salzen, mit der Petersilien-Zwiebel-Mischung füllen, mit Holzspießchen oder Rouladennadeln zustecken und 30 Minuten ruhen lassen.

Die Fische einölen, auf den Grill legen und, sobald die eine Seite knusprig braun ist, vorsichtig wenden.

Öl und Essig kräftig miteinander verquirlen, und die Fische während der Bratzeit immer wieder damit einpinseln.

Dazu passen Tabbouleh-Salat und Essener-Brot.

FLUSSBARSCH MIT SESAM

»Wir gedenken der Fische, die wir in Ägypten umsonst aßen …«
(4. Mose 11,5)

4 Portionsbarsche à 200 g oder andere festfleischige Flussfische
Salz, Pfeffer
2 El milder Weißweinessig
3 El gehackte Petersilie
1 El Paniermehl
70 ml Sesamöl
2 Zwiebeln
2 Knoblauchzehen
125 g Sesampaste (siehe rechts)

Lassen Sie sich die Fische von Ihrem Fischhändler schuppen, dann brauchen Sie sie zuhause nur noch kurz kalt abzuspülen und abzutrocknen. Fische innen und außen salzen, pfeffern und mit 1 El Essig beträufeln.

Einen Bräter gut ausfetten, 2 El Petersilie mit dem Paniermehl mischen und hineinstreuen. Die Fische in einer Pfanne in 3 El Öl auf beiden Seiten goldbraun braten und in den vorbereiteten Bräter legen.

Die Zwiebeln und den Knoblauch häuten. Die Zwiebeln in Scheiben schneiden, den Koblauch zerdrücken und beides im Bratenfett goldgelb braten. Den restlichen El Essig und die Sesampaste unterrühren und über die Fische geben.

In einem vorgeheizten Backofen (E: 200 °C, G: 3) noch etwa 10 Minuten backen, herausnehmen und mit der restlichen Petersilie bestreuen.

Dazu passt Joghurt mit frischen Kräutern und Gurken.

Sesampaste

In biblischen Tagen zerstampften die Frauen den Sesam mit einem Stößel im Mörser oder zerrieben größere Mengen zwischen zwei Mühlsteinen. Sie können Ihre Sesampaste aus ungeröstetem Sesam heute schneller und einfacher so herstellen: Den Sesam 5 Minuten auf einem Backblech im vorgeheizten Backofen (E: 175 °C, G: 2) oder in einer unbeschichteten Pfanne rösten und dabei gelegentlich durchschütteln. Achten Sie darauf, dass er nicht braun wird. Abkühlen lassen und in der sauberen Kaffeemühle mahlen, bis eine weiche Paste entstanden ist.

1 Tasse Sesam ergibt etwa 1/2 Tasse Sesampaste, die Sie pur für spätere Verwendung aufbewahren oder gleich nach Lust und Laune abschmecken können, zum Beispiel mit Zitronensaft, Knoblauch, Pfeffer oder auch scharf mit Thaicurry.

Die Sesampaste, Tahini, gibt es natürlich auch fertig zu kaufen und sie hält sich auch nach dem Öffnen im Kühlschrank noch viele Monate.

PANIERTER BRATFISCH MIT SCHWARZER KÜMMELSAUCE

Bei Jesaja 28,27 werden die Erntemethoden von Dill und Kümmel miteinander verglichen: *»Auch drischt man den Dill nicht mit Dreschschlitten und lässt auch nicht die Walze über den Kümmel gehen, sondern den Dill schlägt man aus mit einem Stabe und den Kümmel mit einem Stecken.«*

4–8 Weißfischfilets je nach Größe (Forelle, Hecht, Seezunge, Brasse ...)
2 Eier
1/2 Tl Salz
Mehl zum Wenden
neutrales Öl zum Braten
Dill zum Bestreuen

Sauce:
1 El gehackte Zwiebeln
2 El Weißweinessig
1 El Honig
1/2 Tl schwarzer Kümmel
1 El gemahlener Koriander
1 Prise Rosmarin
1 Tl Olivenöl
300 ml Wasser
2 El Fischsauce

Für die Sauce die Zwiebeln mit Essig, Honig und Gewürzen im Olivenöl unter Rühren braten, bis die Zwiebeln bräunen. Wasser und Fischsauce angießen, zum Kochen bringen, auf die Hälfte reduzieren und warm halten.

Die Eier mit Salz verschlagen. Die Fischfilets in Mehl wenden, dann im geschlagenen Ei und im heißen Öl von beiden Seiten braten. Auf Küchenkrepp entfetten, anrichten, mit Sauce überziehen und mit Dill garnieren.

Mit Lauch, Kohl, Chicorée, Oliven, gebratenen Pastinaken und Rettichsalat servieren.

GEDÜNSTETER FISCH MIT KAPERN

Eine Kaper ist die sauer eingelegte, verschlossene Knospe des Cappari-spinosa-Strauches. Sie wird in der Bibel in Prediger 12,5 genannt: *»... und wenn die Kaper aufbricht ...«*

1 Fisch ca. 1500 g (See-, Wolfsbarsch, Goldmakrele ...)
125 g frischer Dill oder Fenchelgrün

4 Lauchzwiebeln
1/2–1 Tl Meersalz
1–2 Tl Ingwer
50 ml Olivenöl
300 ml trockener Weißwein
Wasser
1 Tl kleine Kapern

Lassen Sie sich den Fisch von Ihrem Händler kochfertig vorbereiten. Den Dill bzw. das Fenchelgrün und die Lauchzwiebeln fein hacken.

Den Fisch in einen großen, passenden Topf legen, Dill, Zwiebeln, Salz und Ingwer darübergeben und mit Öl, Wein und Wasser aufgießen, bis er bedeckt ist. Mit geschlossenem Deckel langsam zum Kochen bringen und dann 30 Minuten bei milder Hitze garziehen lassen. Den Fisch vorsichtig herausnehmen, anrichten, mit Kochsud übergießen und mit Kapern bestreuen.

Dazu Graupen und Sumerische Wasserkresse reichen.

Der Fisch kann auch kalt serviert werden. Dazu wird der Fisch von der Haut befreit, das Fleisch sauber von den Gräten abgelöst und in eine Schüssel gelegt, mit den Kapern bestreut und mit Kochsud übergossen über Nacht in den Kühlschrank gestellt. Den Fisch mit den Kapern in der gelierten Brühe anrichten.

Dazu passen Sauerteigbrot aus Weizen und süße Hirsebällchen als Dessert.

THUNFISCH MIT APFEL-ROSINEN-ROTWEIN-SAUCE

Phönizier aus Thyrus boten ihre Fänge im Fischtor von Jerusalem feil und wurde einmal frisch gefangener Meeresfisch am Sabbat angeliefert, erlag so mancher Fischfreund trotz des Verbotes, am Sabbat einzukaufen, dieser Verlockung.

4 Thunfischsteaks à 150 g
1 El neutrales Öl
150 ml fruchtiger Rotwein
Petersilien- oder Korianderblätter zum Garnieren

Sauce:
50 g Rosinen
50 g geraspelter, säuerlicher Apfel
2 El süßer Rotwein
2 El Olivenöl
2 El Weinessig
1/4 Tl gemahlener Koriander
1 Tl Selleriesamen
1/2 Tl Oregano
300 ml Wasser
2 El Fischsauce
Salz

Für die Sauce die Rosinen und den Apfel mit Rotwein, Olivenöl und Weinessig, Wasser und Fischsauce zum Kochen bringen. Mit Koriander, Selleriesamen, Oregano und Salz würzen und zugedeckt auf mittlerer Hitze 20 Minuten ziehen lassen.

Die Thunfischsteaks in einen ausgefetteten Bräter geben, mit Wein beträufeln und zugedeckt im vorgeheizten Backofen (E: 175 °C, G: 2) etwa 20 Minuten garen.

Herausnehmen, anrichten, mit der Sauce überziehen und mit Petersilie und Koriander garnieren.

SABBAT-FISCHBÄLLCHEN

Dieses uralte Rezept stammt von den äthiopischen Juden, die ihre Abstammung aus der Verbindung zwischen König Salomo und der Königin von Saba ableiten, und ist seit vielen tausend Jahren eine Spezialität zum Sabbat.

4 Scheiben altbackenes Weizenvollkornbrot ohne Kruste
100 ml Milch
1–2 fein gehackte Zwiebeln
4 El Butter
4 El Weizenvollkornmehl
1 Tl Salz
weißer Pfeffer
1/2 Tl Senfpulver
75 ml Wasser
600 g vorgegartes Weißfischfilet
4 mittlere Dillgurken
1 El Dillgurkensud
1 Ei
75 g Mazze-Paniermehl
Pflanzenöl zum Braten

Die Brotscheiben in Milch einweichen und im Mixer zu Brei pürieren. Die Zwiebeln häuten, in kleine Würfel schneiden und in Butter braten, bis sie weich sind und beginnen, Farbe anzunehmen. Mit Mehl überstäuben, salzen, pfeffern und Senf mit der Milch unterrühren. Von der Kochstelle nehmen.

Das Fischfilet zerpflücken. Mit dem pürierten Brot, der Zwiebelwürzmischung, den klein gehackten Dillgurken und deren Saft zu einem glatten Teig vermengen.

Mit nassen Händen Bällchen daraus formen, im verschlagenen Ei, dann im Paniermehl wenden und in heißem Öl goldgelb braten.

Die Fischbällchen mit Joghurt servieren – als leichten Imbiss mit Gemüsesuppe oder Vorspeise zu Lamm-, Rinder- oder Geflügelbraten.

Zum Passahfest werden sie immer mit Mazzenmehl zubereitet, im übrigen Jahr können Sie auch normales Paniermehl nehmen.

GEBRATENER FISCH IN RETTICH-SAUCE

Rettich gehört zu den ältesten, im Heiligen Land bekannten Gemüsesorten. Die Blätter wurden als Gemüse gekocht, die Wurzeln wurden gekocht oder roh zu einem scharfen Dip geraspelt und aus den Samen wurde Öl gepresst.

4 Fischfilets à 200 g (Seezunge, Seelachs, Kabeljau/Dorsch)
1 El Zitronensaft
1 Tl Salz
100 g Weizenvollkornmehl
Öl zum Braten
300 g milder weißer oder roter Rettich
70 ml süßer Weißwein
200 ml Gemüse- oder Fischbrühe
2 Frühlingszwiebeln
Koriander- und Petersilienblätter zum Garnieren

Den Fisch säubern, mit Zitronensaft beträufeln, salzen, im Mehl wenden und abklopfen. Das Öl heiß werden lassen und die Fischfilets von beiden Seiten etwa 4 Minuten braten, bis sie goldbraun sind. Auf Küchenkrepp legen und warm halten. Inzwischen den Rettich putzen und raspeln.

Das Öl aus der Pfanne gießen und den Wein mit der Gemüsebrühe darin aufkochen. Den Rettich dazugeben, unterrühren und bei milder Hitze einige Minuten kochen.

Die Fischfilets in den Sud legen und etwa 3 Minuten darin ziehen lassen. Anrichten und mit fein gehackter Frühlingszwiebel, Koriander oder Petersilie garnieren.

Dazu schmecken Bulgur, das Brot der Essener und Zimtkäse.

MARINIERTER FISCH

Schon allein, weil er haltbarer ist, war eingelegter Fisch im Altertum sehr beliebt. Da wir heute frischen oder tiefgekühlten Fisch überall und problemlos bekommen, sind Techniken und Rezepte zum Einlegen in Vergessenheit geraten. Doch ein so zubereiteter Fisch ist immer noch eine ausgezeichnete, kalorienarme Vorspeise oder Zwischenmahlzeit.

4 kleine Zwiebeln
1000 g Weißfischfilet (ohne Gräten)
600 ml Wasser
Salz
1 Tl weiße Pfefferkörner
2 Lorbeerblätter
300 ml Weißweinessig
2 Tl Dillsamen, Senfkörner, Koriandersamen, schwarze Pfefferkörner, Nelken
1 unbehandelte Zitrone
1 El Honig

Zwiebeln häuten und in dünne Scheiben schneiden. Den Fisch säubern und mit 2 Zwiebeln in einen Topf legen, mit Wasser aufgießen, salzen und Pfeffer zugeben. Zugedeckt langsam zum Kochen bringen und den

Fisch bei milder Hitze etwa 15 Minuten garen.

Mit der Schaumkelle herausheben und in eine Schüssel geben. Den Kochsud mit den restlichen Zwiebelscheiben, den Lorbeerblättern, dem Essig, den Gewürzen, der in Scheiben geschnittenen Zitrone und dem Honig mischen, aufkochen und über den Fisch gießen. Erkalten lassen und den Fisch mindestens einen Tag im Kühlschrank marinieren lassen.

Dieser Fisch schmeckt gut zu Weizenvollkornbrot, Käse und Früchten.

GEFILTER FISCH

Ein traditionelles Sabbat-Gericht, das zwar in der Bibel nicht vorkommt, aber bei den Juden in aller Welt beliebt ist. Es wird kalt mit einer Meerettich-Rote-Bete-Sauce serviert.

Fischbrühe:
1 Schalotte
1 Stange Bleichsellerie
1 Karotte
1 Lauchzwiebel
1 Knoblauchzehe
Petersilie
500 g Köpfe, Schwänze und Gräten von weißfleischigem Fisch
Salz
weiße Pfefferkörner
1 Zweig Thymian

Farce:
1 Schalotte, fein gehackt
400 g Filet vom Kabeljau, Goldbarsch
100 g Filet vom Karpfen, Wels, Hecht
1 Ei
Salz
weißer Pfeffer
Muskatnuss oder -blüte
2 El Weizenmehl
Petersilie zum Garnieren

Das Gemüse putzen, klein schneiden und mit den Fischköpfen usw. in einen Topf geben, mit so viel Wasser aufgießen, dass alles gut zentimeterhoch bedeckt ist. Langsam zum Kochen bringen (Vorsicht, es schäumt manchmal stark!) und 20 Minuten auf mittlerer Hitze kochen lassen. Durch ein Sieb gießen und die Fischreste dabei ausdrücken.

Die Schalotte häuten, grob hacken und zusammen mit dem Ei und dem Fischfilet im Mixer pürieren. Mit Salz, Pfeffer und Muskat abschmecken. Dann nach und nach das mit etwa 20 ml Fischbrühe angerührte Mehl unterquirlen, bis eine lockere, etwas klebrige Farce entstanden ist. Zugedeckt mindestens 1 Stunde im Kühlschrank ruhen lassen.

Mit nassen Händen Klößchen aus dem Teig formen und auf einen nassen Teller legen. (Wichtig, sonst kleben sie fest!)

Die Fischbrühe zum Sieden bringen – sie darf keinesfalls kochen! –, die Fischklößchen hineinlegen und zugedeckt bei milder Hitze 30–45 Minuten gar ziehen lassen.

Die Klößchen mit der Schaumkelle herausheben, anrichten, mit etwas Brühe übergießen und mit gehackter Petersilie bestreuen.

Originalgetreu wird dazu mit Roter Bete abgeschmeckte Meerrettichsauce gereicht.

Für festliche Anlässe gibt es noch eine arbeitsaufwändigere Variante, die aber nur Geübten gelingt: Der geputzte Fisch wird vom Kopf entlang der Rückengräte bis zum Schwanz eingeschnitten, dann die Haut vorsichtig abgezogen. Sie darf nicht verletzt werden, da sie ja später wieder mit der Farce gefüllt werden soll.

Den gefüllten Fisch verschließen und in der Fischbrühe bei milder Hitze rund 40 Minuten gar ziehen lassen. Dann anrichten und mit etwas Brühe übergossen in den Kühlschrank stellen.

FÜR BIBLISCHE LECKERMÄULER

SÜSSSPEISEN UND KUCHEN

»... Da nahm Tamar die Kuchen, die sie gemacht hatte, und brachte sie zu Amnon, ihrem Bruder ...« (2. Samuel 13,10)

Die wichtigsten Süßspeisen waren frische Früchte wie Feigen – sie wurden, wie wir im Buch der Könige lesen, auch als Heilmittel gegen Geschwüre verwendet –, Datteln, Granatäpfel und Weintrauben, die frisch gegessen oder getrocknet wurden. Außerdem gab es Zitronen, die Maulbeerfeigen, das Johannisbrot oder die Brustbeere, die heute nicht mehr gegessen wird.

Doch alle diese und andere Obstsorten haben sich durch ihre Kultivierung so verändert, dass sie nur noch wenig Ähnlichkeit mit ihren biblischen Frühformen haben.

Den Apfel, mit dem die Schlange Eva und die dann Adam verführte, obwohl Gott ihnen verboten hatte, die Frucht vom Baum der Erkenntnis zu essen, haben Mönche erdichtet, vielleicht, um den Menschen ihrer Zeit ein deutlicheres Bild der Frucht zu geben – und er ist wohl der epochalste Übersetzungsfehler, denn im Urtext der Bibel steht nicht Apfel, sondern ganz einfach Frucht.

Auch Kuchen haben schon Evas Enkelinnen zu Festtagen gebacken. Vielleicht nicht gerade diesen, den ich Ihnen hier vorstelle. Er ist ein Fall für absolut Bibelfeste oder Leute, die wieder einmal durch die Bibel stöbern wollen, dieser rätselhafte alttestamentarische

BIBELKUCHEN

Jede Bibelstelle verrät eine Zutat für den Kuchen.

300 g weiche Deuteronomium 32,14a … Butter von Kühen …
6 Jeremia 17,11a … ein Vogel, der sich über Eier setzt …
300 g Richter 14,18a … Was ist süßer als Honig? …
800 g 2. Mose 29,2 … aus feinem Weizenmehl …
1 Prise Levitikus 2,13 … Speiseopfer musst du salzen …
1 ganz und gar unbiblisches, doch notwendiges Tütchen Backpulver
ca. 200 ml 1. Korinther 3,2 … Milch gab ich euch …
400 g Samuel 30,12a … gaben ihm … zwei Rosinenkuchen …
300 g feingehackte, getrocknete 2. Nahum 3,12 … Feigenbäume mit reifen Feigen …
3 Tl gemahlener Jeremia 6,29 … dem köstlichen Gewürzrohr (Zimt) aus fernem Land …
150 g gehackte Numeri 17,23b … Arons Stab hatte ausgeschlagen, Blüten getrieben und Mandeln ausgereift …

Und jetzt geht's an Werk:

Die weiche Deuteronomium 32,14a, den Jeremia 17,11a und Richter 14,18a zu einer festschaumigen Creme aufschlagen.
Mit 2. Mose 29,2, Levitikus 2,13, dem ganz und gar unbiblischen Backpulver und 1. Korinther 3,2 einen glatten Teig rühren.
Dann Samuel 30,12a, 2. Nahum 3,12 unterziehen und mit Jeremia 6,29 abschmecken.
Den Teig auf ein mit Backpapier ausgelegtes Backblech streichen oder in eine ausfettete Springform füllen und mit Numeri 17,23b bestreuen.
Im vorgeheizten Backofen (E: 180–200 °C, G: 2–3) etwa 40–60 Minuten backen, herausnehmen und den Kuchen nach dem Erkalten in mundgerechte Rauten oder Stücke schneiden und mit einer dampfenden Tasse Mokka genießen.

TEJGLACH

30–40 Stück

4 Eier
3 El Wasser
3 El Öl
1 Tl Zucker
1 Prise Salz
1 Tl Backpulver
250 g Mehl (Type 550)
50 g gehackte Walnüsse
500 g Honig
100 g brauner Zucker
1/2 Tasse Wasser
2 Tl gemahlener Ingwer

Die Eier mit Wasser, Öl, Zucker und Salz kräftig verquirlen, das mit Backpulver vermischte Mehl unterkneten und den Teig etwas ruhen lassen.

Mit geölten Händen aus walnussgroßen Teigportionen lange Röllchen formen, schneckenförmig zusammenrollen und in der Mitte jeweils ein Nussstückchen in den Teig drücken. Die Tejglach auf ein gefettetes Blech legen und im vorgeheizten Backofen (E: 180 °C, G: 2–3) etwa 20 Minuten hellbraun backen.

Derweil den Honig mit braunem Zucker, Wasser und 1 Tl Ingwer unter Rühren kochen, bis der Zucker aufgelöst ist.

Die fertigen Tejglach in den Sirup geben und zugedeckt auf milder Hitze etwa 30 Minuten ziehen lassen. Dabei mehrmals vorsichtig umrühren. Etwa 1/2 Tasse kaltes Wasser zugeben, unterrühren. Die Tejglach mit dem Schaumlöffel herausnehmen und auf geölter Alufolie auskühlen lassen.

DATTELTORTE

5 Eier
1 Prise Salz
150 g Honig
2 El Zitronensaft
1 Tl abgeriebene Zitronenschale
100 g gemahlene Mandeln
100 g gemahlene Walnüsse
200 g fein gehackte Datteln
1 El Weinbrand
Butter und Mehl für die Form
Puderzucker zum Bestäuben

Zuerst die Eier trennen. Das Eiweiß mit dem Salz zu steifem Schnee schlagen. Das Eigelb mit dem Honig dickschaumig schlagen. Dann Zitronensaft und -schale, Mandeln, Nüsse, Datteln und den Weinbrand unterziehen. Etwa ein Drittel des Eischnees unterrühren, dann den Rest unterheben, bis die Schaummasse homogen ist und keine Eiweißinseln mehr enthält.

Eine Springform ausfetten, mit Mehl ausstäuben, den Teig einfüllen, glatt streichen und in einem vorgeheizten Backofen (E: 175 °C, G: 2) etwa 45 Minuten backen. Die Garprobe mit einem Holzstab machen. Bleibt er trocken, ist der Kuchen gar. Erkalten lassen, aus der Form lösen und mit Puderzucker überstäuben.

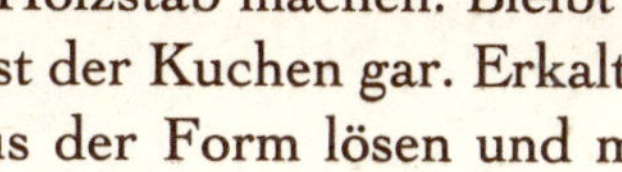

KICHLACH

30–40 Stück

3 Eier
2 Tl Zucker
1/2 Tl Backpulver
200 g Mehl
1/2 Tl Salz
3–4 El Öl
Öl zum Bestreichen
2–3 El Zucker
1 El Zimt

Die Eier mit dem Zucker dickschaumig aufschlagen, dann unter ständigem Rühren das mit Backpulver vermengte Mehl, das Salz und nach und nach das Öl so lange unterarbeiten, bis ein glatter Teig entstanden ist.

Den Teig auf der mit Mehl bestäubten Arbeitsfläche etwa 0,5 cm dick ausrollen und dann in etwa 4 cm große Quadrate schneiden. Mit Öl bestreichen, mit einer Gabel einstechen und zu guter Letzt mit Zucker und Zimt bestreuen.

Auf ein gut gefettetes Backblech legen und im vorgeheizten Backofen (E: 180 °C, G: 2–3) etwa 30 Minuten hellbraun backen.

BASBUSA

Ein Grießkuchen, der mit Orangenblütensirup köstlich aromatisiert ist.

400 ml Wasser
300 g Rohrzucker
4 El Orangenblütenwasser/Orangenbacköl
Saft von 1/2 Zitrone

500 g Hartweizengrieß
150 g weiche Butter
1 Packung Backpulver
1/2 Tl gemahlener Zimt
1 Prise Salz
150 ml Joghurt
ungesalzene Pinien- oder Pistazienkerne zum Belegen

Das Wasser mit dem Zucker unter Rühren bei mittlerer Hitze etwa 15 Minuten zu dünnflüssigem Sirup einkochen lassen. Von der Kochstelle nehmen, das Orangenblütenwasser und 1 El Zitronenaft einrühren und handwarm abkühlen lassen.

Den Grieß mit Butter, Backpulver, Zimt, Salz, 1 El Zitronensaft und dem Joghurt zu einem geschmeidigen Teig kneten.

In eine ausgebutterte Form geben, glatt streichen, auf der Oberfläche mit einem spitzen Messer etwa 5 x 5 cm große Rauten einschneiden und in die Mitte jeder Raute einen Pinienkern drücken.

Im vorgeheizten Backofen (E: 200 °C, G: 3) etwa 40 Minuten backen. Aus dem Ofen nehmen, die markierten Rauten ganz durchschneiden, dann den Kuchen noch weitere 30 Minuten backen, bis er goldbraun geworden ist.

Herausnehmen und nach und nach mit dem Sirup tränken. Gut auskühlen lassen und in der Form servieren.

In der arabischen Küche ist Orangenblütenwasser zum Parfümieren süßer, aber auch herzhafter Speisen beliebt. Wichtig: Es darf keinesfalls aufgekocht werden, da die Hitze die feinen Duftstoffe zerstören würde. Man bekommt es in Apotheken und Naturkostläden.

PURIM-SCHERBEN

Purim ist das Fest es »großen Fressens«, des fröhlichen Essens und Trinkens, und im Talmud heißt es, dass man die richtige Purimstimmung erst dann erreicht hat, wenn man so angedudelt ist, dass man nicht mehr unterscheiden kann, wer Mordechai und wer Haman, wer der Gute und wer der Böse ist.

2 Eier
3 El Zucker
1 Prise Salz
300 g Mehl
1 El Rum
Mehl zum Ausrollen
Öl zum Ausbacken
Puderzucker zum Bestreuen

Die Eier mit Zucker und Salz kräftig aufschlagen, dann Mehl und Rum unterziehen und den Teig mindestens 1 Stunde kühl ruhen lassen. Den Teig ausrollen und in etwa 15 × 3 cm lange Streifen schneiden. In die Mitte der Teigstreifen zwei kleine Längsschnitte machen und die Enden hindurchziehen, sodass das Gebäck einer Brezel ähnelt.

In heißem Fett, am besten in einer Fritteuse, schwimmend goldbraun ausbacken, mit dem Schaumlöffel herausfischen, auf Küchenkrepp entfetten und mit Puderzucker bestäuben.

MACHMUNIA

Grießpudding auf syrische Art, der die Bobbesle immer wieder die Löffel lecken lässt.

125 g Butter
750 ml Wasser
300 g Zucker
1–2 Tl Zimt
200 g Weizengrieß

Die Butter in einem Topf zerlassen, das Wasser zugießen und aufkochen lassen.

Den Zucker und den Zimt einrühren und unter Rühren kochen lassen, bis der Zucker aufgelöst ist.

Den Grieß unter ständigem Rühren nach und nach dazugeben, einmal aufkochen lassen, von der Kochstelle nehmen, zugedeckt noch etwa 5 Minuten ausquellen lassen und warm servieren.

Original wird jede Portion mit einem Löffel Eischta (Büffelmilch) obendrauf serviert.

Ersatzweise können Sie auch Sahnejoghurt oder Crème fraîche nehmen.

NUNT

Diese beliebte Süßigkeit der jüdischen Küche wird besonders zum Purim-Fest serviert, bei dem es seit altersher Sitte ist, Nachbarn und Freunde mit hausgemachtem Naschwerk zu verwöhnen.

200 g dunkler Waldhonig
100 g Rohrzucker
200 g grob gehackte Walnüsse
100 g Mohnsamen
neutrales Speiseöl

Den Honig mit Zucker unter ständigem Rühren bis zum Siedepunkt aufkochen. Die Walnüsse und den Mohn unterheben, vom Herd nehmen und rühren, bis die Masse homogen ist. Die Masse sofort auf eine glatte, gut geölte Fläche (Alufolie, Backblech, Marmorplatte) streichen, mit einem angefeuchteten Rollholz ausrollen und, sobald sie etwas fest wird, mit einem scharfen Messer in Rauten schneiden.

Nunt-Varianten gibt es auch mit Ingwer oder Sesam.

HONIG-BROT-SPEISE

4 Scheiben altbackenes Weißbrot (etwa 2 cm dick)
2 El Honig
2 El Butter
Saft von 1/2 Zitrone
Dickmilch oder Joghurt

Die Kruste vom Brot abschneiden und die Krume in gleichmäßige, etwa 2 cm große Würfel schneiden. Den Honig mit der Butter und dem Zitronensaft unter Rühren aufkochen, von der Kochstelle nehmen und die Brotwürfel hineinlegen, damit sie sich vollsaugen können. Abkühlen lassen, auf Tellern anrichten und Dickmilch oder Joghurt dazu servieren.

FEIGEN UND BIRNEN IN HONIG

Aus der Zeit der ägyptischen Gefangenschaft.

1 unbehandelte Zitrone
6 El Honig
2 Stangen Zimt
1 Tl Kardamomkörner
500 ml Wasser
2 Birnen
Zitronensaft
8 Feigen

Die Zitrone heiß abwaschen, abtrocknen, die gelbe Schale mit einem Zestenreißer oder einem scharfen Messer dünn abheben und mit Honig, Zimt und Kardamom im Wasser etwa 10 Minuten zu einem dünnflüssigen Sirup einkochen.

Die Birnen schälen, halbieren, vom Kerngehäuse befreien, in Spalten schneiden und mit Zitronensaft beträufeln. Die Feigen waschen und vierteln. Alles in den Sirup geben und bei milder Hitze etwa 5 Minuten ziehen lassen.

Vielleicht nicht jedermanns Geschmack, aber original: die Früchte mit einigen Spritzern Rosenwasser parfümieren!

ÄPFEL IN NUSS-SAUCE

4 feste, säuerliche Äpfel
Zitronensaft zum Beträufeln
250 ml Wasser
1 Tl Zimt
2 El Honig
1 El Speisestärke
50 g fein gehackte, geröstete Walnüsse
100 ml süße Sahne

Die Äpfel schälen, vierteln, vom Kerngehäuse befreien und mit Zitronensaft beträufeln, damit sie nicht braun werden.

Das Wasser mit Zimt und Honig aufkochen, die Äpfel hineingeben und etwa 5 Minuten kochen, herausnehmen und abtropfen lassen.

Die Speisestärke mit etwas Wasser anrühren, in den Kochsud einrühren, unter Rühren aufkochen und leicht andicken lassen. Dann die Nüsse und die Sahne kräftig unterquirlen. Die Apfelspalten anrichten und mit der Sauce überziehen.

Dieses einfache, doch feine Dessert können Sie warm oder auch kalt servieren. Und probieren Sie es auch einmal mit Mandeln aus.

Geben Sie diese entweder fein gemahlen in den Kochsud oder als Mandelblättchen über das fertige Dessert.

GEFÜLLTE DATTELN

20 extra große Datteln
100 g Marzipanrohmasse
20 Mandelkerne

Die Datteln aufschneiden und entsteinen. Marzipan durchkneten, dattelkerngroße Röllchen formen und die Datteln damit füllen. Jeweils eine Mandel daraufgeben und die Datteln wieder so weit wie möglich zusammendrücken.

Variation

Anstelle der Mandeln können Sie auch geviertelte Walnusskerne nehmen.

GEFÜLLTE DATTELN AUF ANDERE ART

100 g Doppelrahmfrischkäse
1 El Honig
abgeriebene Schale von 1/2 unbehandelter Zitrone
Zimt
20 getrocknete Datteln
20 ganze geschälte Mandeln

Den Frischkäse mit Honig und Zitronenschale verrühren, mit Zimt abschmecken. Die Datteln entkernen, mit der Creme füllen, jeweils mit einer Mandel garnieren.

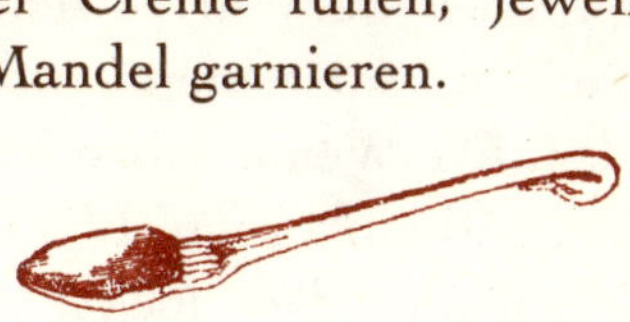

SOMMERLICHER FRUCHTSALAT MIT VANILLESCHAUM

Nicht so ganz biblisch, doch himmlisch …

Früchte:
2 säuerliche Äpfel
2 Birnen
8 Aprikosen
1/2 Honigmelone
8 Datteln
150 g blaue Weintrauben

Marinade:
Saft von 2 Orangen
Saft von 1 Zitrone
2 cl Orangenlikör (Cointreau)
1 Prise Zimt
1 El Honig

Vanilleschaum:
200 ml süße Sahne
1 El Vanillezucker

Für die Marinade Orangen- und Zitronensaft mit den übrigen Zutaten verquirlen.

Die Äpfel und Birnen schälen, vierteln, entkernen, in Würfel schneiden. Die Aprikosen waschen, entsteinen und vierteln. Das Fleisch der Honigmelone mit einem Kugelausstecher auslösen oder in Würfel schneiden. Die Datteln entsteinen und klein schneiden. Die Weintrauben waschen, halbieren und entkernen. Die Früchte in die Marinade geben, locker vermengen und im Kühlschrank gut 1 Stunde durchziehen lassen.

Die Sahne mit dem Vanillezucker dickflüssig schaumig, nicht zu fest schlagen.

Den Obstsalat auf Tellern anrichten und den Vanilleschaum daraufgeben.

ZIEGENFRISCHKÄSE MIT PISTAZIEN-KROKANT

4 El Rohrzucker
50 g ungesalzene, fein gehackte Pistazienkerne
1 El neutrales Speiseöl
4 frische Feigen
4 kleine Ziegenfrischkäse
4 El Honig
schwarzer Pfeffer aus der Mühle
Minzeblätter zum Garnieren

Unter ständigem Rühren den Zucker karamellisieren lassen, Pistazienkerne unterrühren und die Masse sofort auf eine glatte, gut geölte Fläche (Alufolie, Kuchenblech, Marmorplatte) geben, glatt streichen, erkalten lassen und dann zu feinerem Krokant zerbrechen.

Die Feigen waschen, gegebenenfalls häuten und dann vierteln. Die Ziegenkäse auf Tellern anrichten und mit den Feigenvierteln umlegen. Den Honig erwärmen, flüssig werden lassen und über die Ziegenkäse gießen, mit 1–2 Drehungen auch der Pfeffermühle leicht pfeffern und mit Krokant bestreuen. Mit frischen Minzblättern garnieren und sofort servieren.

Biblisches Frühstück

Manna mit Zimtkäse

Gerstenfladen
Challah & Pita

Frischkäse
Würziger Körner-
Frischkäse
Ur

Frische Feigen und Datteln

Dazu trinkt man
Milch, Joghurt, Wasser

Ein biblisches Menü

Hummus
Challah & Pita

Kräuter-Gerstensuppe

Gefilter Fisch

Basbusa

Darf natürlich nicht fehlen:
ofenfrisches Fladenbrot

Und zu trinken gibt's
Wasser, Bier oder Wein

Ein anderes Biblisches Menü

Sabbat-Fischbällchen

Gefülltes Huhn
mit gerösteten Zwiebeln
und Mandeln

Feigen und Birnen
in Honig

Darf natürlich nicht fehlen:
ofenfrisches Fladenbrot

Und zu trinken gibt's
Wasser, Bier oder Wein

Ein anderes Biblisches Menü

Kalte Joghurt-Rosinensuppe

Tajine Ragout

Kichlach

Darf natürlich nicht fehlen:
Ofenfrisches Fladenbrot

Und zu trinken gibt's
Wasser, Bier oder Wein

Ein anderes biblisches Menü

Persische Joghurt-Suppe
mit Fleischklösschen

Mefarka
Gegrillte Frühlingszwiebeln

Ziegenfrischkäse
mit Pistazienkrokant

Darf natürlich nicht fehlen:
ofenfrisches Fladenbrot

Und zu trinken gibt's
Wasser, Bier oder Wein

Ein anderes Biblisches Menü

Kräutersalat
mit gebackenem Ziegenkäse

Lammrücken
mit Granatapfel-Walnuss-Sauce

Machmunia

Darf natürlich nicht fehlen:
ofenfrisches Fladenbrot

Und zu trinken gibt's
Wasser, Bier oder Wein

REGISTER DER REZEPTE

BILDNACHWEIS

Der Autor dankt den folgenden Institutionen für ihre Hilfe und Bereitstellung von Bildmaterial:

Ägyptisches Museum, Kairo • Erez Museum, Haifa • Metropolitan Museum of Art, New York, Ancient Near Eastern + Egyptian Art • Musée du Louvre, Paris, Sammlungen ägyptischer und orientalischer Antiquitäten • Staatliche Antikensammlung, München • Stiftung Preußischer Kulturbesitz, Berlin, Ägyptisches Museum, Antikensammlung, Vorderasiatisches Museum • The British Museum, London • The Israel Museum, Jerusalem • Yigal Allon Museum, Kibbuz Ginnasar

Bilder aus anderen Quellen

Vorsatz: picture-alliance/akg-images/Cameraphoto (Tintoretto: Der Sündenfall, 1550/53)

Nachsatz: picture-alliance/KPA/HIP/ArtMedia (»Manna«, Holländische Schule, 15. Jahrhundert)